YEVA SKALIETSKA

Ihr wisst nicht, was Krieg ist

Tagebuch eines jungen Mädchens aus der Ukraine

Übersetzt von
Alexandra Berlina

KNAUR✳

Die englische Originalausgabe erschien 2022 unter dem Titel
»You Don't Know What War Is« bei
Bloomsbury Children's Books, London.

Besuchen Sie uns im Internet:
www.knaur.de

Aus Verantwortung für die Umwelt hat sich die Verlagsgruppe Droemer Knaur
zu einer nachhaltigen Buchproduktion verpflichtet. Der bewusste Umgang mit
unseren Ressourcen, der Schutz unseres Klimas und der Natur gehören zu
unseren obersten Unternehmenszielen.
Gemeinsam mit unseren Partnern und Lieferanten setzen wir uns für eine
klimaneutrale Buchproduktion ein, die den Erwerb von Klimazertifikaten
zur Kompensation des CO_2-Ausstoßes einschließt.
Weitere Informationen finden Sie unter:
www.klimaneutralerverlag.de

Deutsche Erstausgabe November 2022
© Haupttext: Yevas Skalietska 2022
© »Die Geschichten meiner Freunde« anonyme Autor*innen 2022
© der englischen Übersetzung von Bloomsbury Children's Books Cindy
Joseph-Pearson 2022
© 2022 der deutschsprachigen Ausgabe Knaur Verlag
Ein Imprint der Verlagsgruppe
Droemer Knaur GmbH & Co. KG, München
Karten und Pläne von Olga Shtonda
Alle Fotos von Iryna Skalietska außer: S. 72 Paraic O'Brien, S. 79 anonym, S.
127, 131 Catherine Flanagan, S. 149, 152 Paraic O'Brien, S. 160, 161 anonym,
S. 166, 180 Sally Beets, S. 192 © 2022 Ger Holland, Bloomsbury
Publishing Plc, Sprechblasen von BlueberryPie/Shutterstock.com
Covergestaltung: Anastasia Stefurak
Coverabbildung: Anastasia Stefurak
Satz: Adobe InDesign im Verlag
Druck und Bindung: CPI books GmbH, Leck
ISBN 978-3-426-28622-7

2 4 5 3 1

Für meine Oma

Vorwort

Krieg neigt dazu, gleichzeitig omnipräsent zu sein und völlig ungreifbar. Die erste Jahreshälfte von 2022 habe ich auf unzähligen Konferenzen verbracht, in Talkshows, in Debattierrunden und Hinterzimmern, in denen es stets um die Effektivität und Richtigkeit von Sanktionen ging, von Waffenlieferungen, von Diplomaten. Immer um die Auswirkungen auf Wirtschaft, Geopolitik oder die Wahlaussichten bestimmter Kandidaten. Ich kam um das Thema des Krieges an keinem Tag herum – und fragte mich gleichzeitig so oft: Was hat das alles eigentlich mit dem Krieg zu tun?

Was haben diese Berechnungen mit den Menschen zu tun, deren Wohnzimmer von einer Rakete getroffen wird? Deren Bruder nicht nach Hause zurückkehrt? Die mit dem Auto fliehen, bis ihnen mitten auf der Straße das Auto geraubt wird? Wie will man diesen Menschen ins Gesicht sehen und anfangen, über die Angst vor steigenden Gaspreisen in Deutschland zu sprechen?

Vielleicht müssen wir das aber. Diesen Menschen in die Augen zu sehen, könnte mancher als sentimental empfinden – aber es ist die nackte Wahrheit, der sich auch Politik stellen muss. Es geht hier nicht um Komfort, um Wohlstand oder um eine Abwägung von Gütern. Es geht um das nackte, bloße Überleben. Und, wenn man großes Glück hat, den Funken Würde, den man sich darin bewahren kann. Genau darum sind Kriegstagebücher so wichtig. Sie lassen uns, zumindest übertragen, jenen in die Augen sehen, die Geopolitik betrifft. Sie sind intimste Experten ihrer Auswirkungen. Ihnen sind wir Rechenschaft schuldig.

Kriegstagebücher sind ein seltsames Genre. Vielleicht habe ich deshalb so viele gelesen, weil sie dieses mulmige Gefühl einer Zwischenwelt erzeugen. Sie spielen in unserer echten Welt und berichten gleichzeitig von so fremden und anderen, ungeheuerlichen Dingen. Sie lassen die Sorgen und Nöte unseres eigenen Alltags absurd aussehen. Sie beschreiben unendliches Leid, aber benutzen oft ganz schlichte Sprache. Wo Romantiker einen Spaziergang durch den Park als emotionalen Abgrund erfahren können, schwebt in einfachen und faktischen Aufzählungen von toten Familienmitgliedern eine Nonchalance mit, die so fremd wirkt, als stammten diese Tagebücher gar nicht aus der echten Welt. Als seien sie aus dem Dreißigjährigen Krieg oder aus dem Zweiten Weltkrieg. Diese surreale Eigenschaft teilen sie alle.

Auch die Berichte der zwölfjährigen Yeva erinnern mich an diese sachlichen Erzählungen des Unvorstellbaren. Sie berichtet, wie Bekannte versucht haben, im Supermarkt einzukaufen, diesen Versuch aber abbrechen mussten und mit leeren Händen nach Hause zurückkehrten. Das sind Ereignisse, die vielen Ukrainern bekannt sind. Eigentlich eine schlichte Beobachtung. Bis man sich hineinversetzt, wie es ist, Brot für seine Familie kaufen zu wollen und in diesem Versuch erfolglos zu bleiben. Auf unbestimmte Zeit. Und in der Folge vielleicht zu hungern. Vielleicht zu sterben. Hinter jedem Satz steht ein Abgrund.

Yeva schildert ebenso Angst, Verlust und Flucht, wie viele Kriegstagebuchautoren vor ihr. Mit einer entscheidenden Wendung. In keinem Tagebuch, das ich bislang gelesen habe, hatten die Protagonisten Whatsapp-Gruppen. Sie tauschten sich nie in Echtzeit über Raketeneinschläge aus. Sie hatten keine Videocalls mit ihren Klassenkameraden. Die Schüler aus Charkiw lebten unser aller Leben. Dass sie Kinder sind und ihnen der Krieg die Kindheit stiehlt, verleiht dem Buch eine besondere Wucht.

Mich treffen sie, weil es diese Chatverläufe und Whatsapp-Gruppen sind, die seit Februar mein Leben sind, denn auch ich habe Familie und Freunde in der Ukraine. Der morgentliche Austausch (»Wie geht es euch?«, »Wie war die Nacht?«, »Wo seid ihr jetzt?«), das Bangen, die Videocalls – all das ist tatsächlich der gelebte Alltag von so vielen Ukrainern und ihren Verwandten im Ausland. Die Beschreibungen in diesem Buch sind so schmerzlich repräsentativ. So verwünschenswert universell.

Dennoch zeigt diese Erzählung noch etwas anderes, das mir als ukrainischer Immigrantin bekannt vorkommt. Die tiefgreifende Veränderung, die die Freundlichkeit eines Fremden bewirken kann. Wie sehr ein Ausflug im neuen Land, eine Bootstour, eine helfende Hand oder eine Nachricht auf Ukrainisch die düsteren Gedanken eines Kindes erträglich machen können und damit seine gesamte Welt verändern, darf niemals unterschätzt werden. Das breite Engagement der Zivilgesellschaft für die Geflohenen, die kleine Extrameile, die sie gehen, um mehr als Unterkunft und Verpflegung zu bieten – das rettet Würde. Das rettet Seelen.

Möge dieses Tagebuch ein Wegweiser sein. Eine menschliche Stimme in einem unmenschlichen Krieg. Möge sie uns bewegen, mehr auf das zu achten, was wir jetzt haben – und mit denen zu teilen, die es nicht mehr haben.

Marina Weisband
August 2022

Prolog

Das Wort »Krieg« kennen alle. Aber nur wenige Leute verstehen, was es wirklich bedeutet. Alle wissen, dass ein Krieg schrecklich ist, dass er Angst macht, aber wer ihn nicht erlebt hat, weiß nicht, wie groß diese Angst wirklich ist. Wenn du plötzlich mitten im Krieg steckst, fühlst du dich völlig verloren, begraben unter Furcht und Verzweiflung. Ohne jede Warnung sind alle deine Pläne zerstört, so wie die Welt um dich herum zerstört wird. Wer das nicht erlebt hat, weiß nicht, was Krieg ist.

Legende

1. **Yevas Zuhause**
2. **Yevas Schule**
3. **Innas Zuhause**
4. Nikolsky-
   Einkaufszentrum
5. Kathedrale Mariä
   Himmelfahrt
6. Zentraler Busbahnhof
7. Derschprom-Hochhaus

8. Feldmann-Park
9. Freiheitsplatz
10. Gorki-Park
11. Flughafen
12. Kinderkrankenhaus
13. Bahnhof
14. Universität
15. Zoo
16. Affenbrunnen

17. Oper- und Balletttheater
18. Metrostation
    »Haharin Prospekt«
19. Ringstraße
20. Schewtschenko-
    Stadtgarten
21. Pokrowski-Kloster
22. Hochzeitspalast

DAVOR

14. Februar 2022

»Russische Truppen gehen in Position«
Frankfurter Allgemeine Zeitung

»Letzte internationale Versuche,
den Einmarsch in die Ukraine zu verhindern«
The Times

»Ist dieser Wahnsinn zu stoppen?«
Die Zeit

»Bidens nationaler Sicherheitsberater sagt,
Russland könne nun ›jederzeit‹ in die
Ukraine einmarschieren«
CNN

Umgeben von Blumen, Geschenktüten und einem
großen Ballon feiere ich am 14. Februar 2022
meinen zwölften Geburtstag

Mein Geburtstag

Am 14. Februar bin ich ganz früh wach. Heute ist mein Geburtstag. Ich bin jetzt zwölf. Fast ein Teenager! Gleich entdecke ich eine Überraschung in meinem Zimmer: Luftballons! Fünf Stück! Ein silberner, ein rosafarbener, ein goldener und zwei türkise. Ich bin total aufgeregt, es kommen bestimmt noch viel mehr Überraschungen!

Auf meinem Handy kommen Glückwünsche an. Bevor ich aus dem Haus bin, haben bereits sieben Leute eine Nachricht geschickt. Ich kann's kaum erwarten, zur Schule zu kommen! Als ich da bin, bleiben alle im Flur stehen und gratulieren mir zum Geburtstag. Ich grinse den ganzen Tag lang wie ein Honigkuchenpferd, bis mir das Gesicht wehtut. Feiern werde ich am Samstag: eine Bowlingparty im Nikolsky-Einkaufszentrum. Ich habe die Einladungen verteilt, und alle freuen sich schon.

Nach der Schule gehe ich nach Hause. Ich wohne bei meiner Oma Irina. Nur wenn Mama aus der Türkei zu Besuch kommt, bin ich bei ihr und meinen anderen Großeltern, Oma Sina und Opa Josif. Mama ist hier, um meinen Geburtstag zu feiern, aber Papa lebt und arbeitet auch im Ausland, und er kann dieses Mal nicht kommen. Oma Irina, meine Tante, mein Onkel und mein kleiner Cousin versammeln sich zu einer kleinen Familienfeier. Ich spiele einen Walzer von Tschaikowsky und Beethovens *Für Elise* auf dem Klavier. Es macht mich richtig stolz, wie sie alle lauschen. Dann gibt es Tee mit Snacks und Sandwiches – und natürlich einen leckeren Kuchen mit zwölf Kerzen darauf!

***

Endlich ist der große Tag gekommen: Wir gehen bowlen. Ich freue mich so drauf! Diese schweren Kugeln zu rollen, die Punkte zu sammeln, es ist einfach toll! Wir kommen an, und meine Freunde sind schon da. Viele schenken einfach etwas Geld. Aber ein Junge aus meiner Klasse hat etwas ganz Besonderes für mich: einen wunderschönen Blumenstrauß und eine kleine, elegante Silberkette mit Anhänger – aus Italien. Ich freue mich so! Ich danke ihm eine Million Mal und hoffe, er sieht die Freude in meinen Augen.

Das Spiel beginnt. Ich bin als Erste dran und mache mich sehr gut, weil ich schon mal gebowlt habe. Gewinnen wäre schon nicht schlecht! Das Bowling macht super viel Spaß, und ich werde ein bisschen ungeduldig, wenn ich nicht dran bin. Olha spielt auch gut. Kostja wirft die Kugel mit aller Kraft, aber die Richtung scheint ihm egal zu sein, Erfolg bleibt also aus. Taras hat eine sehr merkwürdige Taktik – er meint, es klappt besser mit Anlauf. Das Seltsame ist – es funktioniert. Ich gewinne eine von zwei Runden, aber am Ende ist es doch nicht sooo wichtig, wer gewinnt; es ist einfach schön, zusammen zu sein.

***

Dann kommt der nächste Tag, und Mama fliegt zurück in die Türkei. Meine Eltern hatten sich getrennt, als ich zwei war, und seitdem lebe ich bei Oma Irina. Wir sind sehr glücklich zu zweit.

Ich habe jede Menge zu tun. Zweimal pro Woche Englischkurs, ich mag es echt gerne, die Sprache zu lernen. Sonntags Klavierunterricht in der Stadtmitte. Auf dem Weg dahin komme ich an alten Häusern mit großen Fenstern vorbei, und am Hochzeitspalast, der ist über hundert Jahre alt. Aber ehrlich gesagt finde ich die vielen Shops am spannendsten.

In Charkiw[1] gibt es super viel Schönes. Das Stadtzentrum zum Beispiel, den Schewtschenko-Stadtgarten, den Zoo und den Gorki-Park. Der Schewtschenko-Garten ist fantastisch, da gibt es diesen Musikbrunnen mit Affen, die verschiedene Instrumente spielen. In der Nähe ist auch ein echt cooles Delfinarium, da kann man Delfine und Belugawale sehen. Eine hübsch gepflasterte Straße führt zum Derschprom am Freiheitsplatz[2] – und für die Seele gibt's das Pokrowski-Kloster, da gehen Oma und ich oft hin.

Die Schule macht mir Spaß. Der Unterricht meistens auch, aber vor allem freue ich mich darauf, meine Freunde zu sehen. Ich komm auch kaum je zu spät. Die Pausen sind natürlich das Beste, besonders die großen, weil ich dann immer mit meinem besten Freund Jewhen und meiner besten Freundin Olha unterwegs bin – wir rasen durch die Schule wie Raketen und wirbeln wie kleine Hubschrauber. Meine Lieblingsfächer sind Erdkunde, Mathe, Englisch und Deutsch. Wenn der Unterricht vorbei ist, machen sich meine Freunde und ich zusammen auf den Heimweg.

Ich liebe unser Wohnzimmer! Es ist sehr gemütlich, mit superbequemen Sesseln. Meine Hausaufgaben mache ich an meinem eigenen kleinen Schreibtisch, und mitten im Zimmer steht meine Staffelei mit den Ölfarben. Wann immer mich die Inspiration überkommt, setze ich mich hin und male. Im Schlafzimmer wartet mein Lieblingsplüschi auf dem Bett – eine rosa Katze mit weißem Bauch. Sie ist lang wie ein Würstchen und heißt Tschupapelja. Keine Ahnung, warum ich sie so genannt habe oder was das heißen soll, aber der Name ist geblieben.

Die Wohnzimmerfenster blicken auf die Stadt, die Schlafzimmerfenster auf ein paar Häuser und auf große leere Felder. Die gehen bis zur russischen Grenze.

Malen ist eins meiner liebsten Hobbys

Die Wohnung hat eine große Küche mit italienischen Möbeln. In der Ecke steht eine Palme im Topf – wir haben viele Pflanzen – und im Bad eine riesige Badewanne mit Massagedüsen. Ich mag so ein richtig wohlig warmes Bad. Überhaupt ist es eine sehr schöne Wohnung in einem schönen Haus in einer schönen Gegend am nordöstlichen Stadtrand von Charkiw.

Ich in meinem Zimmer vor dem Krieg, fertig für die Schule

Hausaufgaben habe ich meistens jede Menge. Wenn ich damit fertig bin, gucke ich fern. Und irgendwann gehe ich dann ins Bett und schlafe sorglos ein.

So ist mein Leben. Sicher, es gibt einige Gerüchte und Gemurmel über Russland, aber das sind nur Worte. Am 14. Februar ist das Leben normal. Und auch am 15. und am 16. und am 17. usw. … Bis in die frühen Morgenstunden des 24. Februar 2022 ist mein Leben normal.

DER KRIEG

24. Februar 2022

»Russische Bodentruppen dringen
in die Ukraine ein«
Kyiv Post

»Entfernte Explosionen in Charkiw,
der zweitgrößten Stadt der Ukraine, zu hören«
The Washington Post

»Die Welt steht laut UN vor einem
›Moment extremer Gefahr‹«
The Independent

»Russlands Vorgehen sorgt weltweit für
Sorge und Entsetzen«
Sueddeutsche.de

»Russland sei auf dem ›Pfad des Bösen‹,
sagt der ukrainische Präsident Selenskyj«
CNN

Tag 1

Der Anfang

Die Nacht hatte ganz normal angefangen. Ich hatte tief und fest geschlafen. Aber dann war ich gegen fünf Uhr morgens auf einmal wach. Im Schlafzimmer konnte ich nicht wieder einschlafen und bin dann ins Wohnzimmer. Ich legte mich auf das Sofa, schloss die Augen und wäre fast schon eingedämmert …

5:10 Uhr Plötzlich weckt mich ein metallischer Krach. Er hallt so richtig durch die Straße. Erst denk ich, da wird ein Auto verschrottet. Dann wird mir klar: eine Explosion.

Oma steht am Fenster und guckt auf die russische Grenze, und da brennt der ganze Horizont, und es fliegen Raketen über die Felder. Und dann fliegt eine riesige Rakete genau an unserem Fenster vorbei und explodiert mit so einer Wucht, dass mir das Herz in der Brust eiskalt wird.

Die Autoalarme gingen los. Oma versuchte, ruhig zu bleiben. Sie sagte: »Fängt Putin wirklich einen Krieg mit der Ukraine an?«

Ich stand total unter Schock. Ich wusste nicht, was ich sagen sollte. Ich meine, ich wusste, dass es stimmen musste, was Oma sagte. Aber ich konnte es irgendwie nicht glauben. Ich hatte so oft vom Krieg gehört, aber ich war noch nie *in* einem Krieg. Ich hatte furchtbare Angst.

Zum Denken war keine Zeit. Niemand hat uns je gesagt, was wir tun sollen, wenn ein Krieg ausbricht. Niemand war auf einen Krieg vorbereitet. Ich nicht, Oma nicht, die Nachbarn auch nicht. Aber irgendwie war uns klar, dass wir aus der Wohnung rausmussten und in den nächsten Gemeinschaftskeller.

Mir zitterten die Hände und klapperten die Zähne. Die Angst war überall in mir drin. Das war meine erste Panikattacke. Oma versuchte mich die ganze Zeit zu beruhigen, sie sagte, ich muss wieder zu mir kommen. Sie legte mir eine Kette mit dem Kreuz um den Hals und tat dann ihr Schmuckkästchen wieder in den Schrank.

Ich checkte mein Handy. Unser Klassenchat war schon voller Nachrichten.

Dann liefen wir also in den Keller. Als wir drinnen waren, hatte ich wieder dieses panische Gefühl – ich konnte nicht richtig atmen, meine Hände waren ganz kalt und schwitzig.

Krieg.

Das Knallen, der Krach, die Angst – alles in meinem Kopf. Tränen brannten mir in den Augen. Ich hatte furchtbare Angst um alle, die ich lieb habe, und um mich selbst.

Unser Keller ist eigentlich kein Luftschutzkeller. Überall sind Rohre für heißes und kaltes Wasser. Tonnenweise Staub. Die Decke ganz niedrig. Winzige Fenster auf Straßenhöhe. Wir waren ziemlich viele da unten. Leute hatten Sandsäcke vor die Fenster gestapelt, damit niemand durch Glasscherben verletzt wird, wenn eins explodiert.

Nach einer Weile wurde es dann ruhig, und ich habe meinen ganzen Mut zusammengenommen und bin aus dem Keller rausgegangen, ins Freie. Dort hab ich gleich mein Handy genommen und die Nachrichten gecheckt. Menschen standen in Grüppchen herum, redeten aufgeregt und versuchten, das Ganze irgendwie zu verstehen. Und dann – dann wurde auf einmal geschossen, ganz nah und laut, und es hörte gar nicht mehr auf! Wir rannten alle in den Keller. Jetzt ist er eben doch unser Luftschutzraum.

Dann meine dritte Panikattacke, Tränen, und immer wieder Explosionen, mehr, als ich zählen kann.

* * *

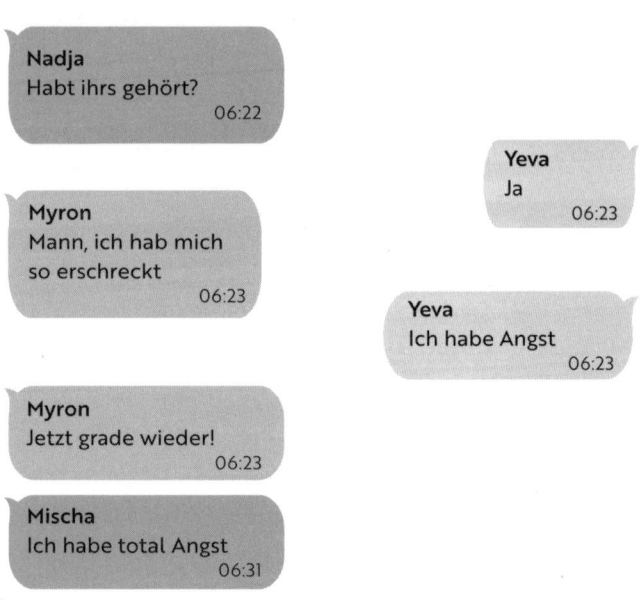

Nadja
Habt ihrs gehört?
06:22

Yeva
Ja
06:23

Myron
Mann, ich hab mich so erschreckt
06:23

Yeva
Ich habe Angst
06:23

Myron
Jetzt grade wieder!
06:23

Mischa
Ich habe total Angst
06:31

Tolja
Ich noch mehr. Da sind Explosionen ganz nah von zu Hause
06:31

Tolja
Hundert Meter oder so
06:32

Myron
Ich habe Panzer gesehen
06:32

Myron
Noch eine Explosion
06:32

Mischa
Ja
06:33

Myron
Mist, was machen wir jetzt?
06:33

Ruslan
Wird schon
06:34

Ruslan
Einfach nur Ruhe bewahren
06:34

Myron
Das ist ja mal eine geniale Idee!
06:34

Ruslan
Hoffentlich wird alles gut
06:34

Mischa
Yep
06:34

> **Yeva**
> Hallo zusammen, ich war draußen
> und es riecht nach Feuer
> 06:47

> **Myron**
> Warum gehst du überhaupt raus?
> 06:47

***

11:30 Uhr Eine Nachbarin von uns wollte in ein Geschäft gehen und etwas Geld am Automaten abheben. Sie hatte kein Glück – dort waren ukrainische Soldaten mit Maschinengewehren, dann knallte es wieder, und die Leute rannten nach Hause. Unsere Nachbarin hatte Angst und rannte mit. Die Leute sagen, auf den Dächern von den Hochhäusern im Viertel nebenan sitzen Scharfschützen.

Dann hab ich alle meine Freunde angerufen und gefragt, wie es ihnen geht. Einige hatten schon ganz Schlimmes erlebt.

Ein Junge aus meiner Klasse hatte gespürt, wie sein Haus wackelt. Ein anderer hatte gehört, wie eine Bombe hundert Meter von seinem Zuhause explodierte. Bei vielen hatten die Fenster geklirrt.

Eine andere Schulfreundin, Marina, sagte, sie waren furchtbar lange unterwegs zum Luftschutzkeller wegen der Staus. Olha hat sich zu Hause verkrochen; sie sagt, sie bleibt da und geht in keinen Keller.

Und das ist erst der Anfang dieser Hölle.

12:30 Uhr Ich habe Oma überredet, kurz nach Hause zu gehen. Wir haben uns schnell gewaschen und was gegessen. Dann habe ich mein Tagebuch mitgenommen, weil ich ab jetzt alles aufschreiben will, was passiert. Ich hab auch mein Laptop geschnappt, und Papier und Stifte, falls ich mal zeichnen will, und etwas zu essen, und ein paar Kissen und Decken. Dann sind wir zurück in den Keller.

15:20 Uhr Es gibt Gerüchte, dass es in dreißig Minuten ganz schlimm losgeht, mit Flugzeugen und Truppen und Bomben.

16:00 Uhr Noch ist nichts passiert. Alle gucken sich immer so an, Angst in den Augen. Früher war für mich ein friedlicher, sonniger Tag ganz normal. Aber jetzt ist alles anders. Ich habe ja schon davon gehört und gelesen, wie Kinder in einem Krieg stecken, aber ich konnte es mir noch nie so richtig vorstellen. Jetzt, nach fünf Stunden in einem Keller, ist das anders. Ich kenne jetzt dieses Gefühl, den Schmerz, die Angst. Die Welt hat sich verändert. Wenn ich sie wiedersehen darf, hat sie ganz neue Farben. Der blaue Himmel, die Sonne, die Luft – es ist alles so wunderschön. Es ist so ein Glück.

Jede Stunde sagen die Nachrichten was Neues. Es gab ein Gerücht, dass Russland die Truppen aus der Ukraine abgezogen hat, dass Charkiw sich erfolgreich verteidigt hat. Kurz dachte ich: »Dann wird das hier doch kein Kriegstagebuch!« Dann war dieses Gerücht aber schnell widerlegt, und wir hörten wieder Explosionen und Schüsse.

Gerade kann ich nur an eine Sache denken: Wie wird die Nacht? Alle sagen, in Kriegszeiten sind die Nächte und der frühe Morgen am schlimmsten, man weiß nie, was kommt. Wir wissen es aber auch die ganze Zeit nicht.

Versteckt im Gemeinschaftskeller unter unserem Haus in den ersten Stunden des Krieges. Ich spiele mit den anderen Kindern, um mich abzulenken.

16:55 Uhr Wir hören den Krieg. Maschinengewehre? Raketen? Weiß ich nicht.

Wir finden ein paar Pappbögen von alten Kartons und machen daraus eine Art Bett, zusammen mit den Decken und Kissen, die wir vorhin mitgenommen hatten. Jemand hat einen Tisch und ein paar Stühle mitgebracht, und ein paar Spiele, um die Kinder abzulenken.

Der Keller hat auf beiden Seiten einen Ausgang zur Straße, aber niemand traut sich raus. Der Keller verläuft unter unserem ganzen Wohnblock, wie ein langer Tunnel. Ein paar Männer zeigen uns, wo die Toilette ist. Alle wissen: Wir bleiben hier erst mal eine Weile.

Die Männer bringen ein Schloss an der Tür an, damit wir nachts abschließen können. Ich schaue nach, ob sich auch die andere Tür abschließen lässt – nein. Plötzlich, gerade als die Erwachsenen abschließen wollen, kommt meine Freundin Nadja durch die Tür gestürmt. Sie umarmt mich ganz, ganz fest und ich sie auch. Sie zittert am ganzen Körper; ich versuche, sie zu beruhigen. Sie hat in der Straße Explosionen gehört.

18:40 Uhr Es ist inzwischen dunkel. Ich gehe raus, um frische Luft zu schnappen, alles scheint ruhig. Dann geht es zurück in den Keller.

Nadja und ihre Familie wollten kurz zu Hause vorbeischauen, aber als sie gerade gehen wollen – BUMMM! – eine Explosion. Sie trauen sich nun doch nicht raus.

Die Erwachsenen sagen alle, das Schlimmste kommt noch.

Es heißt, dass es jetzt eine Ausgangssperre gibt – von 22 Uhr bis 6 Uhr morgens. Und es heißt auch, niemand darf aus dem Keller raus, weil jederzeit ein Beschuss anfangen kann. *Jederzeit.*

Ich glaube nicht, dass wir heute Nacht viel Schlaf bekommen.

21:00 Uhr Ich habe noch nie erlebt, dass die Zeit so langsam vergeht. Ständig wird geschossen. Russland hat die Ukraine wohl umzingelt. Russland will, dass Charkiw kapituliert. Dann noch ein Beschuss. Die Panik kommt wieder, fast eine richtige Attacke, nicht ganz. Ich setze mich neben Oma, sie umarmt mich. Wir haben beide Angst. Es geht das Gerücht um, morgen würden Wasser und Strom abgestellt, weil sie das in Kriegszeiten nicht mehr schaffen. Aber wir wollen nicht verzweifeln. Wir können nur beten.

Alle versuchen, irgendwie weiterzuleben. Jemand schläft (wie sie das wohl hinkriegen?). Andere telefonieren mit Freunden und Verwandten, überlegen zusammen, was sie tun sollen. Jemand erzählt den anderen die neuesten Nachrichten. Einige ältere Leute hocken nur auf ihren Stühlen und sagen kein Wort. Die Kinder sitzen um einen Tisch, ein paar malen, andere spielen Karten, ich setze mich zu einer Gruppe, die Domino spielt. Viele Leute kleben an ihren Handys.

Oma ruft ihre Freunde an, fragt, wie es ihnen geht. Dann fragt sie, ob wir zu ihnen in einen Unterschlupf gehen könnten, wo es sicherer ist. Hier sind wir nämlich ganz nah am Krieg, und vielleicht wird der Beschuss ja noch schlimmer.

Aber wir verlieren nicht den Mut. Es sind ja auch andere Kinder hier, und wir versuchen sogar irgendwie, Spaß zu haben. Wir helfen einander.

Wir hören, dass andere Länder jetzt Sanktionen vor-
schlagen, aber keine Waffen schicken wollen. Vielleicht
ist es ja auch gut so.

25. Februar 2022

»Russland überfällt die Ukraine«
Frankfurter Allgemeine Zeitung

»Selenskyj erklärt die Generalmobilmachung
in der Ukraine«
Kyiv Post

»Der Westen verurteilt die Invasion und die
Artillerieangriffe Russlands auf die Ukraine«
The New York Times

»Russland wird vom
Eurovision Song Contest ausgeschlossen«
Sueddeutsche.de

Tag 2

Wir rennen um unser Leben

Die Nacht war ruhig, es wurde nicht geschossen. Alle haben im Keller geschlafen. Ich war gegen halb elf schon müde und bin kurz darauf eingenickt.

Aufgewacht bin ich heute um sechs Uhr morgens. Oma meint, jetzt sei es nicht so gefährlich, wir könnten kurz in die Wohnung, etwas essen, uns waschen und dann schnell wieder in den Keller. Aber lange sollten wir in der Wohnung nicht bleiben, da oben im fünften Stock seien wir nicht sicher.

7:30 Uhr Wir gehen in die Wohnung. Draußen schneit es. Oma sagt, die nächsten Tage solle es weiterschneien.

Ich versuche, ganz ruhig zu laufen, aber natürlich haben wir Angst, dass wieder geschossen wird. Zum Glück bleibt es ruhig. Auf dem Weg zu unserer Wohnung scrolle ich durch die hundertachtzig Nachrichten, die sich in der Nacht im Klassenchat angesammelt haben.

Ein Freund von mir hat geschrieben, er hat Angst, in die Luft gesprengt zu werden. Er wohnt ganz nah am Kriegsgeschehen. Ein anderer hat ein Video aus Sumy[1] geteilt. Die ganze Stadt scheint in Flammen zu stehen. Zwei aus meiner Klasse waren bis Mitternacht auf und haben sich im Chat hin und her geschrieben.

Zum Frühstück esse ich ein Stück Brot mit Butter und

trinke Tee. Ich schaue immer wieder aus dem Fenster. Es sind keine Panzer zu sehen, auch keine Raketen.

8:00 Uhr Wir packen ein paar Sachen und gehen raus. Es ist sehr kalt. Auf der Kellertür steht jetzt das Wort »Schutzraum«. Alles ist ruhig. Hat der Krieg vielleicht aufgehört? Aber dann höre ich einen Knall. Wir rennen um unser Leben! Schnell, in den Keller.

8:30 Uhr Als ich das nächste Mal nach draußen schaue, fahren Panzer vorbei. Sie bewegen sich in Richtung Kyiv. Und ich glaube, ich habe auch etwas ganz schnell über den Himmel rasen sehen. Eine Rakete? Wo ist sie eingeschlagen? Oder war es doch nichts, nur Einbildung?

8:40 Uhr Marina aus meiner Klasse hat angerufen. Ihre Tante sagt, in einer halben Stunde beginnt wieder ein Beschuss. Kurz nach dem Anruf bin ich eingeschlafen, für etwa eine Stunde. Es wurde doch nicht geschossen.

Dann haben wir erfahren, dass unsere ukrainischen Panzer zwischen Wohnhäusern stationiert sind. Leute sagen, vielleicht will man uns als menschliche Schutzschilde benutzen. Das macht mir Angst. Großmutter ruft ihre Freundin Inna an. Sie sagt, bei ihr wären wir sicherer. Wir bestellen ein Taxi, und dann warten wir und warten und warten, es fühlt sich an wie eine Ewigkeit.

Dann kommt das Taxi endlich, wir steigen ein und fahren los.

Ich frage Oma: »Was ist mit unseren Sachen?«

Und sie sagt: »Die müssen wir zurücklassen. Unser Leben ist wichtiger!«

Ich habe auch meine Freunde zurückgelassen.

Das tut weh …

Aber wir müssen eben alles dafür tun, zu überleben. Wir müssen uns retten.

Als wir durch Charkiw fahren, finde ich, dass die Stadt seltsam normal wirkt, bis auf die Schlangen vor den Apotheken und Supermärkten. Es stehen keine Soldaten vor den Geschäften.

Unterwegs sehen wir ein kaputtes Militärfahrzeug, und ein anderes mit ukrainischen Soldaten. »Warum in aller Welt fahren die hier herum?«, frage ich. Unheimlich, sie so auf den normalen Straßen zu sehen. »Mach dir mal keine Sorgen«, sagt Oma.

Nach etwa dreißig Minuten erreichen wir Innas Haus im Nowobawarskyj-Viertel[2] am westlichen Rand von Charkiw. Es ist ein süßes, gemütliches Häuschen. Inna sagt, hier wurde auch etwas geschossen, aber nicht viel. Man hört schon einiges, aber hoffentlich nur, weil das Viertel etwas höher liegt, sodass die Explosionen stärker widerhallen.

Die Küche ist sehr geräumig, mit einem großen Esstisch in der Mitte. Es gibt drei Schlafzimmer, wir können das mit der großen ausklappbaren Couch haben. Hier werden wir schlafen. Es ist ein bisschen kalt, also hängen wir eine Decke vor das Fenster.

Das Haus hat einen kleinen Holzofen direkt am Eingang. Und auf der Terrasse gibt es eine Luke zum Keller.

In der Küche hat Inna ein großes Bild von einer Meereslandschaft mit draufgeklebten echten Muscheln. Sie hat es selbst gemalt, es ist noch nicht fertig. Inna weiß, dass ich gerne male, also fragt sie, ob ich für sie weitermachen will. Da sage ich bestimmt nicht Nein. Es lenkt mich hoffentlich von dem Knallen ab, das wir in der Ferne hören. Ich habe sie auch um eine kleine Sperrholzplatte gebeten, ich habe nämlich noch eine Idee: Ich will einen Engel malen, so einen wie auf den Bildern von Eugenia Gapchinska.[3]

Wir haben erst vor einer Stunde unser Zuhause verlassen. Was jetzt dort passiert … Besser gar nicht dran denken.

Meine Freundin Rita und ihre Mutter hatten gehört, dass es in der Stadt etwas ruhiger wird. Sie wollten den Moment nutzen und nach Pissotschyn[4] fliehen. Ganz schnell haben sie ein paar Sachen gepackt – aber dann war es schon zu spät. Es ging wieder los, und zwar noch heftiger. Kampfflugzeuge, Panzer, Bomben, Explosionen. Also rannten sie doch in Panik in den nächsten Keller. Wir hier sind nicht so sehr in Gefahr wie meine Freunde. Was passiert jetzt? Bleibt unser Haus stehen? Werden meine Freunde überleben? Niemand kann das wissen.

In Charkiw werden in den Straßen riesige Bomben gefunden.

Was Wasser und Strom betrifft – die Gerüchte waren zum Glück doch falsch. Noch ist jedenfalls beides da.

13:30 Uhr In den Nachrichten heißt es, Kampfflugzeuge starten gerade aus Kursk. Niemand weiß, was ihr Ziel ist. Es könnte Kyiv sein.

Ich habe gerade gemerkt, dass ich das Ladegerät von meinem Handy im Gemeinschaftskeller vergessen habe. Es bleibt nicht mehr viel Akku. Zum Essen gibt's auch nicht viel. Zum Glück hat Inna ein passendes Ladeteil, das ich borgen kann. Darüber zumindest muss ich mir also keine Sorgen machen.

Der Klassenchat wird nie still. Und dann schreibt mir noch meine Freundin Polina: Auf der Gwardijziw-Schyroninziw-Straße im Nordosten der Stadt sind Panzer unterwegs. Oma und Inna sagen dazu nur: »Da können wir nichts machen.«

Und das stimmt ja auch. Panik hilft nichts.

Dann habe ich gehört, dass nur zweihundert Meter von meiner Schule entfernt Panzer schießen. Myron aus meiner Klasse ist kurz aus dem Keller raus, um frische Luft zu schnappen. Und dann kam auf einmal ein rotes Leuchten, und er hörte eine Rakete und Maschinengewehre. Dann rannte er natürlich zurück in den Keller. Diana steckt in ihrem Haus in Welyka Danyliwka, gegenüber von unserem Viertel im Nordosten von Charkiw, und schaut die ganze Zeit aus dem Fenster.

Mein Viertel, Nord-Saltiwka, wird praktisch ausradiert. Der hohe Wohnblock in der Natalija-Uschwij-Straße 60 wurde von einer Rakete getroffen. Ich habe das Gebäude doch gerade erst aus dem Taxifenster gesehen – es war noch da, als wir auf dem Weg zu Inna waren! Und jetzt ist es nicht mehr da. Davon kriege ich eine Gänsehaut. Im Nowobawarskyj-Viertel, wo wir jetzt sind, ist alles ruhig, aber zu Hause in Nord-Saltiwka … Die nächsten zwei Wochen gibt es keinen Unterricht. Tja. Irgendwie kommt Ferienfreude nicht so richtig auf.

Aber jetzt mal was Positives. Wir haben den kleinen Holzofen angeheizt, und es ist meine Aufgabe, das Feuer zu hüten. Ich sage mir immer wieder, es lässt sich immer was Positives finden, egal wie schlimm es wird. Ich versu-

*Ich versuche die Ruhe zu bewahren, indem ich ein Wandbild
mit einer Meereslandschaft in Innas Küche male*

che, es zu genießen, wie das Holz im Ofen brennt. Wir
sitzen um den Ofen herum und sind zusammen. Wenn
man nicht allein ist, macht alles weniger Angst.

Ich wollte wissen, wie der Keller hier aussieht. Irgendwann müssen wir uns ja wahrscheinlich dort verstecken.
Ich machte die Luke auf, dann kamen zwei Stufen nach
unten und noch eine Luke. Die machte ich auch auf, und
dahinter ist ein ganz tiefer Keller. Hier sind wir bestimmt
sicher!

19:00 Uhr Draußen wird es langsam dunkel. Wir hören Schüsse und fragen uns, ob wir in den Keller sollten …

19.15 Uhr Die Explosionen werden lauter. Oma und Inna meinen, es sind Grad-Raketen,[5] und diese »sind nicht für ihre Präzision bekannt«.

Die Gegend um Welyka Danyliwka, wo mein Freund Tolja lebt, wird heftig bombardiert. Ich hoffe, er kann dort durchhalten.

Inna hört den Explosionen zu und versucht zu verstehen, wo sie sind. Sie meint, die sind wohl ziemlich weit weg. Oma ist ein bisschen beruhigt.

Nach dem Abendessen ist es entspannter. Wir unterhalten uns. Ich schaue mir Minecraft-Videos auf YouTube an. Die Regierung fordert die Menschen auf, sich für die Front zu melden und das Land zu beschützen.

19:50 Uhr Es ist sehr dunkel draußen. Die dunkelste Art von Dunkel. Eine Freundin von Inna ist vorbeigekommen, um nicht allein zu sein. Aber dafür musste sie ja erst in diese Dunkelheit … Ich hätte mich das nicht getraut.

Wir schalten die Nachrichten nicht ein, sie machen uns nur Angst. Der kleine Ofen ist schön warm, ich werde immer schläfriger. Ich spüre noch immer mein Herz ängstlich klopfen, aber es wird weniger schlimm. Als das Feuer im Ofen erloschen ist, ruft mich Inna ins Wohnzimmer, da ist es jetzt wärmer. Ich mache es mir in einem Sessel gemütlich, er ist warm und weich. Für einen Moment ist alles Schlimme der letzten Tage fast vergessen.

Dann sprechen wir noch ein Gebet zusammen, und Inna geht ins Bett.

21:00 Uhr Alles ist still. Wir hoffen auf eine ruhige Nacht, so wie die letzte.

22:00 Uhr Ich kann die Augen kaum noch offen halten. Ich glaube, bald schlaf ich ein ...

26. Februar 2022

»Russlands Diktator Wladimir Putin entfesselt
mit seinem Angriff den größten Krieg auf
europäischem Boden seit 1945«
Der Spiegel

»EU setzt neue Russland-Sanktionen in Kraft«
Sueddeutsche.de

»Kyiv am Abgrund«
The Guardian

»Ein Zivilist stirbt in Charkiw, als ein Wohnhaus
von Artilleriefeuer getroffen wird«
CNN

»›Stoppt Putin, stoppt Russland‹:
Weltweite Kundgebungen in Solidarität
mit der Ukraine«
Daily Telegraph

Tag 3

Hauptsache, überleben

7:40 Uhr Ich lehne mich gegen die Wand, und da geht so ein leichtes Zittern durch sie. Das ist unheimlich.

»Ich glaube, da wird Smijiw[6] bombardiert«, sagt Inna.

8:00 Uhr Irgendwo habe ich gehört, die ersten beiden Kriegstage sind die schlimmsten. Heute beginnt der dritte.

Inna war einkaufen und kam nach zwei Stunden zurück. Die Preise sind gestiegen, das Essen ist sehr teuer geworden. Vieles kann man gar nicht mehr kaufen. Der Laden hatte frisches Brot reinbekommen, aber es war nicht genug für alle da. Alle kaufen Wodka.

Es war wohl richtig, dass wir gestern unsere Wohnung zurückgelassen haben. Rita und ihre Mutter stecken jetzt fest. Unser Leben ist wichtiger als ein paar Klamotten, und auch wichtiger als die Wohnung selbst. Ohne die Sachen kann man auskommen, ohne das Zuhause notfalls auch. Leider verstehen das nicht alle … Mit jedem Tag lerne ich, dass das Leben weitergeht, auch im Krieg. Wir klammern uns an die Hoffnung, dass der Albtraum irgendwann vorbei ist. Dass wir eines Tages wieder nach Hause können.

Wir hören, wie der Flughafen bombardiert wird. Das ist ziemlich weit weg von hier, aber laut genug. Wenn ich es hier in Nowobawarskyj hören kann, wie schlimm muss es näher dran sein? Ich frage mich die ganze Zeit, wie lange es dauert, bis alles nach dem Krieg wieder aufgebaut ist. Bestimmt Jahre!

Gestern Abend hörten wir ein paar Militärfahrzeuge vorbeifahren, glauben wir. Zum ersten Mal in dieser Gegend.

Ich habe einen Beitrag von Oleksij Potapenko[7] auf Instagram gelesen. Ein richtiger Herzensschrei ist das:

Warum zeigt kein ukrainischer Sender die Hölle, die sich in Schtschastja[8] (Oblast[9] Luhansk) abspielt – die Menschen dort leben in Trümmern!

Die ukrainische Zivilbevölkerung muss dringend evakuiert werden! Warum sagt niemand etwas? Warum macht niemand etwas? Wie kann man sein eigenes Volk so im Stich lassen? Es müssen so viele Menschen wie möglich darüber informiert werden, damit jeder etwas tun kann! Irgendwie bei der Evakuierung helfen!

Die Explosionen, die wir gestern hörten – da wurde wohl die Ringstraße in der Stadtmitte beschossen. Ukrainische Panzer haben jetzt die russischen Panzer bei Pissotschyn und Wysokyj zerstört, heißt es. Aus Pissotschyn führt eine Straße nach Kyiv, und aus Wysokyj nach Dnipro.[10] Die russischen Panzer waren auf dem Weg nach Kyiv, aber unsere konnten sie aufhalten.

13:00 Uhr Viele Explosionen auf einmal. Ich habe schon lautere gehört, aber Angst habe ich trotzdem. Die Ausgangssperre wurde wieder geändert – jetzt ist sie schon von sechs Uhr abends bis sechs Uhr morgens.

In den Nachrichten heißt es, Russland hat schon dreitausend Soldaten verloren, aber die russischen Sender sagen nichts.

Gott, Charkiw ist so eine schöne Stadt ... Oder soll ich sagen »war eine schöne Stadt«? So viel Zeit und Geld und Arbeit hat es gekostet, so einen Ort zu schaffen, und in einem einzigen Augenblick kann alles in die Luft fliegen!

Es wird immer mehr auf die Zivilbevölkerung geschossen, auf ganz normale Menschen.

Opa sagt am Telefon, er war gerade in der Stadt »spazieren«. Ich fasse es kaum – es ist Krieg, und er geht eben mal spazieren!

Tolja schreibt, in Welyka Danyliwka wird's immer schlimmer, es wird immer heftiger bombardiert. Und ein Freund von Myrons Vater hat eine Rakete im Innenhof von seinem Wohnblock entdeckt! Das macht mir schreckliche Angst. Wir können die Explosionen auch hören, aber für uns sind sie weit weg.

Rita und ihre Mutter haben beschlossen, einen Zug nach Besljudiwka zu nehmen. Jetzt, während ich das hier schreibe, sind sie unten, an der U-Bahn-Station Prospekt Haharina. Dort sind ganz viele Menschen. Als sie gerade hinunterstiegen, hagelte es hinter ihnen Raketen. Zum Glück wurde niemand verletzt.

Was unsere Nachbarschaft angeht – Freunde sagen, dass die Gebäude nur so zittern ... Mein Herz platzt gleich vor Angst. Was passiert mit uns?

15:10 Uhr Gerade gibt es einen heftigen Beschuss. Wir haben den Keller aufgeräumt für den Fall, dass wir eine

Weile dableiben müssen. Da sind ganz viele Kisten mit Einmachgläsern voller eingelegter Tomaten und Gurken, aber auch Himbeer- und Aprikosenmarmelade. Oma und Inna haben eine Bank nach unten gebracht, und ich habe ein paar Mäntel darübergeworfen. Im Keller ist alles rund, ganz ohne Ecken. Der Raum ist ziemlich klein, sodass es nicht zu kalt wird. Wir haben dort alles vorbereitet und sind wieder hochgestiegen.

15:55 Uhr Wir hören zwei Explosionen. Inzwischen habe ich gelernt, die Entfernung nach dem Knall abzuschätzen – es sind etwa sechs Kilometer. Wir rennen sofort in den Keller. Es wird wieder ruhig. Unten im Keller sprechen wir ein Gebet und schicken es los. Die Angst steigt in mir hoch. Wir hoffen und beten – sonst können wir ja nichts tun.

Die Sonne geht unter. Ich will nichts als Frieden. Ich kann mich nicht mehr an meine alten Träume und Ziele erinnern oder an all die Dinge, die mir mal wichtig waren. An alte Streitereien oder Probleme. Alle anderen Sorgen verschwinden im Vergleich. Wenn Krieg ist, willst du nur am Leben bleiben, sonst nichts. Was auch immer früher schwierig oder schlimm war, ist jetzt Nebensache. Wenn du um das Leben deiner Lieben fürchtest, wenn du jeden Tag dieses BUMMM! hörst … Dann fühlst du dich irgendwann richtig glücklich, dass diese eine Rakete weit weg von dir eingeschlagen ist. Und gleichzeitig ist die ganze Zeit diese Angst da. Und du betest den ganzen Tag und bittest Gott um Frieden. Du klammerst dich an jede Minute, an jede Sekunde in deinem Leben …

Wir rufen immer wieder unsere Freunde an, ob alle

auch okay sind. Wir hören, dass Russland die gesamte Ukraine beschießt. In den Nachrichten heißt es, es herrscht »großflächiger Krieg«. Diese Worte machen mir Angst. Und nicht nur mir. Das ganze Land hat Angst. Die Seele schreit. Ich spüre diesen Schmerz. Aber ich muss weitermachen – in Sicherheit bleiben und hoffen, dass der Krieg bald vorbei ist. Hoffen, dass Frieden kommt.

Oma nimmt Baldrian für die Nerven. Das würde ich auch gerne. Am liebsten würde ich aufwachen und sehen, dass alles nur ein Albtraum war.

17:40 Uhr Draußen ist es dunkel. Omas Freundin Nelya hat angerufen. Sie sagt, ein ukrainischer Panzer steht vor einem Kindergarten in der Nähe und schießt ständig auf etwas. Dann ruft eine Lehrerin von meiner Schule an. Sie erzählt schlimme Sachen:

»Eine Garage in der Nähe ist in Brand geraten. Wir hatten uns im Keller einer anderen Garage verschanzt, da wurde uns aber klar, dass wir dort nicht mehr sicher waren. Also mussten wir in den Schulkeller. Wir rannten und rannten, und Raketen flogen direkt über uns. Wir rannten um unser Leben. Zum Glück haben wir es geschafft. Niemand ist verletzt.«

Ich habe so große Angst um sie! Sie ist meine Lieblingslehrerin.

18:57 Uhr Inna hat eine Sapekanka[11] zum Abendessen gemacht, und wir haben sie mit Himbeermarmelade gegessen und Minztee dazu getrunken. Das hat mich ein wenig beruhigt, aber dann gab es wieder Explosionen. Es hieß dann, das sind unsere Soldaten, die von ihren Stellungen auf der Ringstraße in Richtung Russland schießen. Wir hören die ganze Zeit die Flugzeuge und Raketen. Gestern Abend um diese Zeit war alles ruhig, aber heute ist es ohrenbetäubend.

Offenbar wurde eine Gruppe von Saboteuren in Charkiw gefasst. Sie haben wohl versucht, Sprengstoff in den Straßen auszulegen.[12]

Ich schreibe das gerade und fühle mich ziemlich hoffnungslos.

Nach dem Essen gingen wir in Innas Zimmer. Es ist ein kleines Zimmer mit einem einzigen Fenster, der sicherste Raum im Haus. Ein kleines gelbes Nachtlicht war an, extra für mich. Sonst sind alle Lichter im Haus aus, damit die Flugzeuge uns nicht entdecken. Ich bete, dass es bis zum Morgen ruhig bleibt.

Da hören wir aber schon wieder einen Knall und noch einen, wohl von der Ringstraße, und immer wieder auch Flugzeuge, und die sehe ich auch im Fenster. Ich versuche, ruhig zu bleiben, aber am Ende kriege ich doch eine Panikattacke – nicht ganz so schlimm wie am ersten Tag, aber ich kann kaum atmen, meine Lunge fühlt sich an wie zerquetscht.

Bomben fallen, wir sitzen da. Irgendwann denke ich, wenn ich mich hinlege, bin ich eher sicher. Obwohl das Bombardement weit weg ist, sieht Oma vom Fenster aus einen Suchscheinwerfer und besteht darauf, in den Keller zu gehen. Ich komme mit. Inna will nicht. Sie sagt, jetzt ist es ja noch ruhig – aber dann sagt sie auch: »Was, wenn das Haus einstürzt und wir im Keller verschüttet werden und niemand weiß, dass wir da unten sind?«

19:00 Uhr Wir sitzen unten im Keller und trinken Tee. Ich rufe zu Inna hoch, ob sie mein Notizbuch nach unten bringen könnte, damit ich alles aufschreiben kann, was gerade passiert. Es wird stiller, und ich beruhige mich langsam ein wenig.

Rita und ihre Mutter haben es übrigens in den Zug geschafft und sind jetzt in Sicherheit.

Ich schreibe gerade in mein Tagebuch mit dem kleinen Handylicht.

Bei uns in Nord-Saltiwka fallen Raketen, ganz viele.

Nach einer Weile gehen wir doch wieder hoch. Es ist ganz still. Schöner als die beste Musik.

Wir sitzen noch ein bisschen in Innas Zimmer, und dann gehen wir schlafen.

Ich fühle mich hoffnungslos

27. Februar 2022

»Putin trifft bewusst Entscheidungen, die zu einem
neuen Weltkrieg führen könnten«
Die Welt

»Russland greift ukrainische Flugplätze
und Treibstoffanlagen an«
The Irish Times

»Das Grauen in den Straßen«
The Sunday Times

»›Es dreht einem den Magen um‹:
Kinder im Ukraine-Krieg«
The Guardian

Tag 4

Die Hölle in Nord-Saltiwka

Ich habe bis acht Uhr morgens geschlafen, ziemlich lang im Vergleich zu den letzten Nächten. Langsam wurde ich wach, drehte mich auf die andere Seite, und die Sonne schien mir freundlich ins Gesicht. Ich wollte gleich rausgehen und den Sonnenschein genießen – und erst dann erinnerte ich mich.

Letzte Nacht hatte es besonders schwere Bombenangriffe gegeben, sagt Oma, aber weit weg von hier. Ich hatte fest geschlafen, als es passierte. Ich war wohl so müde davon, den Explosionen zuzuhören, dass ich einfach abgeschaltet hatte. Welyka Danyliwka steht in Flammen. Nord-Saltiwka wurde mit Grad-Systemen beschossen. Es war das erste Mal, dass spät in der Nacht noch geschossen wurde.

Ich habe meine Freundin Olha angerufen. Sie hat mir erzählt, was ihr passiert ist. Dem Kindergarten in der Nähe wurde das Dach weggesprengt. Bei einem Gebäude nebenan wurde der Eingang durch eine Explosion zerstört; einen Mann und eine Frau haben fliegende Trümmer in den Rücken getroffen. Der Krankenwagen brauchte sehr lange, eine ganze Stunde, und erst wollte man die beiden nicht mitnehmen, aber dann sind sie doch ins Krankenhaus gekommen.

Und Olha selbst war mit ihrer Familie im Einkaufszentrum Äquator, sie standen Schlange, und gerade als sie fast schon an der Kasse waren, ging das Licht aus. Kein Strom. Sie konnten also doch kein Essen kaufen, aber sie versuchen es heute noch mal.

10:00 Uhr Wir hatten kein Wasser mehr, also mussten wir zur Quelle. Die Straße schien erst ganz leer gefegt, ein paar Leute haben wir dann doch getroffen. Unterwegs hörten wir immer wieder einen Knall, aber weit weg. Wir brachten so viel Wasser zurück, wie wir tragen konnten. Inna zeigte mir ihren Garten. Sie hat Obstbäume dort, einen Himbeer- und einen Johannisbeerstrauch und ein Erdbeerbeet. Sie zeigte mir gerade, wo sie noch Blumen pflanzen wollte, als zwei ganz laute Explosionen kamen – BUMMM! BUMMM! – ganz in der Nähe! Oma und ich sind in den Keller gerannt. Inna ist oben geblieben.

Opa Josif hat ein erschreckendes Bild geschickt. Direkt vor einem Geschäft liegt eine Bombe in der Straße, etwa zwei Meter lang. Es heißt, sie kann nicht explodieren, es ist nur eine Markierungsbombe.[13] Drüben im Stadtzentrum stehen russische Panzer. Wir gingen ins Haus hoch, aber fünfzehn Minuten später zurück in den Keller: Es wurde wieder laut.

Wir haben großes Glück mit unseren Nachbarn hier, alle kümmern sich umeinander. Sie bringen uns Essen. Mehrmals am Tag steigen wir in den Keller hinunter.

***

Kara:
Leute, hat sich Tolja bei irgend-
wem zurückgemeldet?

09:48

Tolja:
Leute, bei mir alles ok so weit, die halbe Straße
von mir wurde zerschossen, aber unser Haus nicht

10:08

Tolja:
Ich mach das Handy jetzt aus,
vielleicht abends noch kurz an

10:08

Tolja:
Wir haben keinen Strom

10:08

Tolja:
So tschüss bis später!

10:08

Diana:
Mist

10:39

Polina:
Hier wird geschossen

11:08

Myron:
Hallo

11:25

Myron:
Tychon, alles ruhig bei euch?

11:25

Tychon:
Nix mit ruhig

11:36

Tychon:
Drüben in Oleksijiwka wird geschossen
11:36

Polina:
Hallo alle
11:37

Polina:
Wir werden bombardiert
11:46

Filimon:
Wo bist du?
12:00

Polina:
Zu Hause
12:05

Tolja:
Leute, es fängt wieder an
13:07

Polina:
Bei uns noch alles ruhig
13:09

Polina:
Jetzt nicht mehr
13:13

Tolja:
Ich sehe Rauch auf dem Feld
13:22

Myron
[sendet ein Video]
13:25

Yeva:
Halt durch, Myron
13:26

Myron:
Fuck, es tropft auf den Monitor
13:28

Myron:
Wie bring ich meinen PC in Sicherheit?
13:28

Yeva:
In den Schrank stecken?
13:28

***

Gegen sechs Uhr abends wird es draußen völlig dunkel. Ich hasse die Nacht. Ich will nicht, dass die Sonne hinter dem Horizont verschwindet! Aber leider habe ich ihr nichts zu befehlen. In der Dunkelheit scheint immer etwas zu lauern. Die Angst steigt mir in den Hals.

21:30 Uhr Es ist ganz still bei uns, ich fühle mich fast ruhig. Und ich habe sogar gelacht! Ja wirklich, ich habe so gelacht, dass ich fast aus dem Bett gefallen wäre und mir der Bauch wehtut. Alles dank Kyrylo aus meiner Klasse! Er postet die ganze Zeit albernes Zeug im Klassenchat, Video-Selfies, wie er Grimassen schneidet, mit lustigen Filtern dazu.

28. Februar 2022

»Viele Tote bei Angriffen in
ukrainischer Stadt Charkiw«
Sueddeutsche.de

»Über 350 Zivilisten getötet«
The New York Times

»Putin droht mit Nuklearwaffen«
Daily Telegraph

»Mehr als 100 000 bei Friedensdemo in Berlin«
Frankfurter Allgemeine Zeitung

»Militärische und humanitäre Hilfe
strömt in die Ukraine«
Kyiv Post

Tag 5

Bomben in der Nacht

Ich bin um drei Uhr morgens aufgewacht und wäre beinahe wieder eingeschlafen, als es wieder schlimm und laut wurde: Bomben aus Kampfjets! Die Angst steigt in mir hoch. Jede Explosion jagt mir einen Schauer über den Rücken. Inna sagt, wir müssen alle in den Keller, auch sie kommt diesmal mit. Wir bleiben auch lange dort. Draußen muss es richtig gefährlich sein, wenn Inna sich schon entschlossen hat, mitzukommen. Dort unten bin ich dann wieder eingeschlafen.

Die Ausgangssperre wurde wieder geändert: Jetzt darf man schon ab 15:00 Uhr nicht mehr raus, bis 6:00 Uhr morgens.

8:00 Uhr Wieder ein Beschuss, aber er scheint weit weg zu sein.

Eine Freundin von Oma hat angerufen. Sie sagt, im Dorf Wysokyj wurde ein Haus zerstört, aber niemand ist verletzt, nur ein Hund. Dieser Beschuss weit weg, den wir gerade gehört hatten – das war er wohl.

Später wollten Oma und Inna einkaufen gehen, aber es hat nicht geklappt. Oma sagte: »Ich stand in der Warteschlange und hatte so große Angst. Es fielen mehr Bomben als gestern, als wir Wasser holen waren. Die Leute haben sich wohl dran gewöhnt, sie standen trotzdem weiter stundenlang Schlange. Und schließlich muss man ja etwas essen. Aber ich bin noch nicht so weit, dass ich für ein Stück Brot mein Leben riskiere …«

Wir haben von Oma Sina gehört. Sie sagte, sie wollte gestern Nachmittag in die Apotheke – trotz Ausgangssperre! Sie wollte auch, dass Opa Josif mitkommt, und als er sagte, die nächste Apotheke ist zu, wollte sie zu einer anderen, an der Station Herojiw Prazi. Opa Josif sagte zum Glück Nein: Die Ausgangssperre ist sehr streng, und rauszugehen ist gefährlich. Wie kann sie an Medizin denken, wenn geschossen wird! Es wird direkt auf Menschen geschossen! Ich glaube, sie bleibt die Ruhe selbst, selbst wenn die ihr Haus bombardieren.

Heute sollen Delegationen aus Russland und der Ukraine verhandeln. Am Nachmittag wurde ein Wohnblock in Charkiw völlig zerstört. Es gibt Verletzte. Und Tote auch. Und sie können nicht einmal die toten Menschen wegbringen, weil die ganze Zeit geschossen wird. Es wird die ganze Zeit auf Zivilisten geschossen.

Wir haben jetzt gehört, es gab einen Beschuss in der Gegend um den Parkplatz hinter unserem Zuhause, also von Oma Irina und mir. Einige Wohnungen dahinter wurden getroffen.

***

> **Polina**
> Wir werden bombardiert
> 13:43

> **Nadja**
> Wir werden total plattgemacht
> 13:43

Polina
Es klingt ganz schlimm heftig
13:44

Nadja
Ich werde langsam taub hier
13:44

Yeva
Es gab einen Beschuss direkt hinter Omas Parkplatz
13:45

Yeva
Heute
13:45

Polina
Wir werden jetzt gerade bombardiert
15:12

Polina
Ich habe so viel Angst
15:17

Nadja
Versuch, dich abzulenken
15:17

Nadja
Wie ich
15:17

Nadja
Ich höre Musik
15:17

***

18:00 Uhr Es ist jetzt dunkel. Ich hasse die Nacht jetzt noch mehr, jeden Tag immer mehr.

1. März 2022

»Russische Raketen regnen auf Charkiw herab«
Financial Times

»Selenskyj bittet EU um sofortige
Aufnahme der Ukraine«
Frankfurter Allgemeine Zeitung

»Putin der Kriegsverbrechen beschuldigt«
Evening Standard

»›Niemand wird unseren Geist brechen‹:
Selenskyj spricht vor dem EU-Parlament«
The Irish Times

Tag 6

Ich will leben!

Ich hatte heute Nacht so einen wunderbaren Traum. Ich habe von meiner Schule geträumt – und vor allem von einem friedlichen Himmel. Im Traum sind meine Freunde und ich ganz sorglos herumgelaufen, wie in den guten alten Zeiten. Ich wünschte, das wäre nicht bloß ein Traum gewesen! Ich habe den Lärm der Explosionen so satt! Ich würde so gerne was Friedliches hören – Vogelgezwitscher, das Rauschen vom Regen ... Das Leben war doch so schön vor dem Krieg! Ich will in mein altes Leben zurück.

Der Beschuss heute Morgen um sechs Uhr war kein Witz, aber jetzt scheint alles ruhig. Die Erwachsenen kleben aber schon mal die Fenster mit Klebeband ab für den Fall einer Explosion. Ich sehe oft Flugzeuge im Fenster.

Der Freiheitsplatz in der Stadtmitte wurde gerade vollkommen zerstört! Ein einziger Raketeneinschlag. Es gibt ein Video von der Explosion. Man sieht zwei Autos, eins weicht zur Seite aus, Menschen springen aus dem Auto, und noch zwei Leute rennen von der Einschlagstelle weg. Es heißt, es wurden noch viele Orte von Bomben getroffen: Derschprom, der Gorki-Park, die Universität, die Oper, die Philharmonie – und der Zoo auch!

Alles passiert so furchtbar schnell.

10:00 Uhr Inna war einkaufen, und diesmal hat sie es auch geschafft, obwohl es Schüsse hagelt.

***

> **Yeva**
> Guten Morgen zusammen!
> Na ja, ob er gut werden kann
> 10:02

> **Yeva**
> So viele Wahrzeichen von Charkiw getroffen
> 10:03

> **Yeva**
> Freiheitsplatz bombardiert
> 10:04

> **Yeva**
> Und Vakuumbombe[14] auf Ochtyrka[15]
> 10:04

> **Leila**
> Ja, das ist schon hardcore
> 10:21

> **Kyrylo**
> Vakuumbombe? Wow, ein neues Wort aufgeschnappt!
> 10:31

> **Tychon**
> Hat sie bestimmt gerade erst gelernt!
> 10:32

> **Yeva**
> Sehr lustig. Wie könnt ihr jetzt Witze machen?
> 10:39

Leila
Mach dir nichts aus diesen Idioten, Yeva
10:40

Yeva
OK, danke
10:41

Yeva
Habt ihr den Freiheitsplatz gesehen?
10:42

Kyrylo
Total platt
10:42

Leila
Ja
10:43

Polina
Wir werden gerade bombardiert
11:28

Polina
Ich habe Angst
11:32

Jewhen
Der Kiosk neben meinem Haus ist weggeblasen
11:51

Yeva
Jewhen, bleib stark, wir sind bei dir
11:58

Polina
Alles wird gut
12:00

Jewhen
Wir sind jetzt ja auch nicht da,
wir sind in Poltawa[16]
12:36

***

12:00 Uhr Wir haben eine ganz schlimme Nachricht bekommen. Ein Nachbar hat angerufen. Er sagt, unsere
Küche wurde von einer Rakete getroffen.

Vor unserem Wohnblock steht der Notdienst. Die
Rettungskräfte sagen, es war die »Submunition einer
Streubombe«[17] und dass solche Bomben »nach der Genfer Konvention«[18] verboten sind. Die Rettungskräfte
müssen dringend in die Wohnung rein, um zu sehen, dass
dort keine Submunition rumliegt, die noch nicht explodiert ist. Sonst könnte das ganze Gebäude in die Luft
fliegen!

Oma hat rumtelefoniert und jemand gesucht, der die
Schlüssel zu unserer Wohnung von hier abholt, aber nie-
mand konnte helfen. Die Rettungskräfte mussten in die
Wohnung einbrechen. Sie haben keine nicht explodierte
Munition gefunden, aber die Küche ist ganz zersprengt,
sagen sie, und der Flur ist voller Trümmer.

Das tut weh. Ich habe in dieser Wohnung meine ganze
Kindheit verbracht. Mein Zuhause kaputt zu machen –
das ist, wie einen Teil von mir kaputt zu machen! Ich weine. Ich versuche mich zu beruhigen und etwas zu essen.
Aber ich habe das Gefühl, mein Herz wird zerquetscht.

Da waren so viele Erinnerungen drin! Unsere italienischen Möbel, unser schickes Essgeschirr, der Glastisch.
Alles zersprengt. Mir laufen Tränen übers Gesicht.

Unsere Wohnung wurde von einer Rakete getroffen.
Ich bin geschockt.

Die Dinge selbst sind mir nicht so wichtig, aber sie waren ein Teil von meiner Kindheit! Ich habe das Gefühl, jetzt ist sie auch zersprengt.

Von der Wohnung ist nicht viel übrig. Warum ist das diesen Leuten egal? Wenn sie schon kämpfen müssen, können sie es nicht irgendwo auf einem Schlachtfeld machen? Statt in der Stadt mit den ganzen Häusern und Menschen?

Wenn ich beschreiben soll, was mit der Wohnung passiert ist, ja, da muss man sich erst mal hinsetzen. Der Balkon und die Küche sind total platt, und man kommt da auch gar nicht rein, ein Teil vom Flur ist auch weg. Dann liegen im Flur Stücke von der Decke, Glasscherben und Schutt. Das Fensterglas in meinem Schlafzimmer ist rausgeflogen, aber das Zimmer selbst scheint okay. Das Wohnzimmer ist verschont geblieben, sogar die Fenster. Die Wohnungstür ist so beschädigt, dass es mit den Schlüsseln eh nicht geklappt hätte. Die Einsatzkräfte haben die Tür jetzt so gut es ging abgeschlossen und mit Klebeband zugeklebt. Wir wollen die Tür zuschweißen lassen. Ob nach dem Krieg noch etwas von unserer Wohnung bleibt?

19:00 Uhr Heute hören die Flugzeuge überhaupt nicht mehr auf. Wie immer war Innas Freundin tagsüber bei uns und ging nach Hause, als es draußen dunkel wurde. Oma war in der Küche und machte Tee, da sieht sie auf einmal eine riesige Drohne! Die Lichter dran blinken, und sie fliegt so tief über dem Haus, dass Oma sich zu Boden wirft. Inna und ich sind in ihrem kleinen Zimmer, als wir die Drohne hören. Sie klingt seltsam, anders als ein Flugzeug. Wir legen uns auf den Boden. In den Keller wollen wir nicht: Wenn das Haus in die Luft fliegt, würde niemand wissen, dass wir dort unten sind. Wir wären dann lebendig begraben.

Die Drohne kreist am Himmel, ganz nah, und wirft Bomben ab. Ströme von Tränen. Ich liege auf dem Bett und denke einfach nur: »Ich will leben, ich will leben, ich will leben!« So schlimm war es noch nie. So nah ist der Tod noch nie gewesen. Mit jeder Bombe bleibt mein Herz kurz stehen. Jede Minute, jede Sekunde festhalten. Es könnte die letzte sein. Ich bete die ganze Zeit, dass die Drohne wegfliegt und die Bomben nicht das Haus treffen, *Gott, hilf uns, Gott, hilf uns*. Kann nicht richtig atmen.

Nach einer Weile hörte es auf, und irgendwann ging es mir dann auch besser.

Ich checkte mein Handy. Jewhen war auf dem Weg nach Poltawa; er hat ein Foto von einer fliegenden Rakete gemacht und in den Chat geschickt.

Diana war gerade dabei, Welyka Danyliwka zu verlassen. Hinter ihr brannten die Häuser. Wir sind dann doch in den Keller gegangen. Ich habe versucht, dort unten einzuschlafen, aber das ging einfach nicht, und irgendwann sind wir dann wieder nach oben.

2. März 2022

»Der Großangriff beginnt«
Frankfurter Allgemeine Zeitung

»Wie weit wird Putin gehen?«
Die Zeit

»Verzweifeltes Gedränge um den letzten Zug aus Kyiv«
The Guardian

»Selenskyj appelliert an den Westen:
Es gehe darum, einen Genozid zu verhindern«
Daily Telegraph

Tag 7

Eine glückliche Wendung

Ich hatte einen Traum. Im Traum sind Oma und ich in unserem Toyota zu unserer zerbombten Wohnung gefahren. Wir gehen hinein, und der Flur ist voller Müll. Dann gehen wir in die Küche, und die Schränke sind noch heil, aber der Tisch ist kaputt. Ich fange an, das Ganze zu filmen. Plötzlich sehe ich, wie eine Rakete direkt auf das nächste Haus zurast. Ich kann kein Wort sagen. Da war der Traum zu Ende.

Heute Morgen gab es einen Artilleriebeschuss.

Das Internet wurde um sechs Uhr morgens abgeschaltet.

Wegen der Luftangriffe fangen Menschen an, in Panik die Geschäfte leer zu kaufen.

Oma und ich wollen in die Westukraine, weiter weg von der Grenze. Sie telefoniert die ganze Zeit, um herauszufinden, wie wir das machen könnten. Aber alle sagen, wir sollten erst einmal hierbleiben. Viele aus meiner Schule gehen zuerst nach Dnipro oder Poltawa und von dort weiter in die Westukraine.

Inna hat viele Autos gesehen, die aus der Stadt hinausfuhren. Auf jedem Auto stand groß ein Wort auf jeder Seite: »Kinder«.

Es gibt Züge, die Menschen evakuieren, aber es heißt, dort wurden die Sitze herausgenommen, damit mehr

Leute reinpassen. Dreißig bis vierzig Stunden im Stehen. Da wollten wir lieber vorerst in Charkiw bleiben. Aber dann haben wir weiter nachgedacht und wollen jetzt doch nach Lwiw[19]. Es gibt nämlich ein ganz schlimmes Gerücht, dass in ein paar Tagen in Charkiw eine »Säuberung« beginnt, damit die Ukraine schnell kapituliert. Ich brachte den halben Tag damit zu, eine Taxifirma anzurufen, aber jedes Mal, wenn jemand ranging, wurde die Verbindung getrennt. Mama schickte uns die ganze Zeit Telefonnummern von Fahrern in Charkiw, aber niemand ging ran. Dann habe ich endlich einen Fahrer erreicht, der uns zum Bahnhof bringen kann – aber erst in ein paar Tagen. Dann ging noch jemand ran, und wieder wurde die Verbindung getrennt. Ich habe an Mama und Papa geschrieben und sie um Hilfe gebeten, aber meine Nachrichten kamen nicht durch.

Irgendwann war ich total verzweifelt. So eine richtige Depression war das. Ich konnte nur noch eine Sache denken: *Wir haben keine Chance. Ich habe Angst.* Ich sagte kein Wort mehr und lief nur die ganze Zeit düster hin und her. Dann setzte ich mich aber doch hin und malte ein bisschen, dann ging es mir etwas besser.

Ich bete weiter, dass wir es nach Lwiw schaffen, oder sogar raus aus der Ukraine. Wir tun alles dafür, was wir nur können, und wir lassen nicht locker. Vielleicht würden wir jetzt einfach zum Südbahnhof laufen, aber gerade ist Ausgangssperre …

***

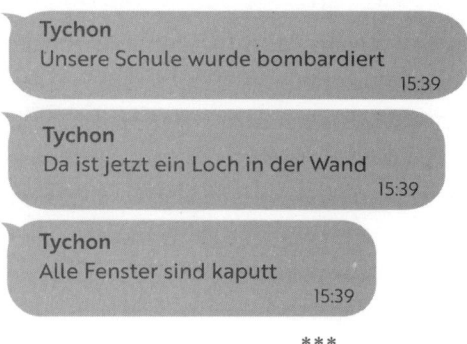

Tychon
Unsere Schule wurde bombardiert
15:39

Tychon
Da ist jetzt ein Loch in der Wand
15:39

Tychon
Alle Fenster sind kaputt
15:39

***

8.00 Uhr Wir haben gehofft und gebetet, die Stadt verlassen zu können. Und dann hatten wir plötzlich Glück! Innas Tochter schickte uns die Telefonnummern von zwei Freiwilligen vom Roten Kreuz. Einen davon haben wir dann erreicht, und er sagte, er würde uns in fünfzehn Minuten abholen und nach Dnipro bringen. Die Erleichterung! Wir packten unsere Sachen und gingen an die Straßenecke, aufs Auto warten. Ich musste mein Bild mit dem Engel zurücklassen. Schade, es war nicht ganz fertig … Inna kam kurz raus, um sich zu verabschieden. Sie sagte, sie kommt nicht mit. Aber dann rannte sie doch zurück ins Haus, ihren Pass holen »für alle Fälle«. Aber sie sagte, wir sollen nicht auf sie warten – falls das Rote Kreuz kommt, bevor sie zurück ist, sollen wir fahren. Dann hörten wir Explosionen. Wir wussten nicht, ob das Auto es zu uns schafft. Wir hatten beide Angst und baten Gott um Hilfe. Dann kam ein Anruf von den Freiwilligen, Todor und Oleh. Inna war noch im Haus, und ich wusste nicht, wie ich ihnen den Weg erklären sollte, aber dann sah ich schon einen Volkswagen mit einem roten Kreuz darauf. Das waren sie!

Um **16:50 Uhr** waren wir im Auto. Oma bat sie, um die Ecke zu fahren, damit wir uns von Inna verabschieden, aber dann kam sie schon auf uns zugerannt. Sie hatte beschlossen, doch mit nach Dnipro zu fahren! Sie hatte nichts mitgenommen, nur ihren Pass. Wir fuhren los. Auf dem Weg passierten wir zwölf Kontrollpunkte[20]. Vor Dnipro gab es kilometerlange Staus, wir fuhren drum herum. Es wurde dunkel und begann zu regnen. Und irgendwann waren wir in der Stadt. Alles ruhig, eine Streicheleinheit für die Ohren! Die Gebäude alle okay. Ein friedlicher Himmel, was kann man sich mehr wünschen?

Wir dankten Todor und Oleh von ganzem Herzen dafür, dass sie uns in Sicherheit gebracht hatten. Sie sagten, wir bräuchten nichts zu bezahlen, und wir verabschiedeten uns.

Die beiden Mitarbeiter des Roten Kreuzes,
die uns gerettet haben

Inna hat Verwandte in Dnipro. Gleich hinter ihrem Haus ist ein schöner Park. Ich war glücklich, es war so ruhig hier. Dann saßen wir zusammen in ihrer Wohnung und erzählten, was wir durchgemacht hatten. Ich brauchte eine Weile, um es richtig zu verstehen: Heute Nacht bin ich in Sicherheit!

Wir wollen immer noch weiter, in die Westukraine, aber darüber denken wir morgen nach. Jetzt wollen wir erst einmal eine ruhige Nacht hier bei Innas Familie genießen.

***

Kyrylo
Ich fahre morgen mit dem Zug nach Lwiw, dann nach Polen
12:32

Tychon
Wir haben Regenwasser zum Trinken
12:53

Tychon
Sind auch unterwegs, nach Polen
12:54

Yeva
Hallo Kyrylo, wie kommst du denn zum Bahnhof?
16:06

Kyrylo
Mit dem Auto, wir sind nicht weit weg
18:22

Nadja
Tychon, habt ihr eure Katzen mitgenommen?
19:46

Tychon
Nein
20:01

Yeva
Hallo zusammen. Wir sind jetzt in Dnipro
20:35

Diana
Wir sind jetzt weg aus Welyka Danyliwka, meine Eltern und mein Hund und ich. Danyliwka wurde vor zwei Tagen bombardiert
21:42

Diana
Yeva – für immer? Oder nur für die Kriegszeit?
21:43

Diana
Bist du in Charkiw, Ella?
21:43

Ella
Nein
21:43

Diana
Wo denn?
21:43

Ella
In Lwiw
21:43

Diana
Ah, OK. Ich habe gehört, dort wird nicht geschossen, nur die Sirenen heulen ständig. Stimmt's?
21:45

Ella
Ja genau, alles ruhig hier, nur
Sirenen fünfmal am Tag
21:46

Yeva
Diana – für jetzt sind wir auf jeden
Fall erst mal in Dnipro
21:48

Dawyd
Wer ist wo?
22:38

Kyrylo
Ich fahre morgen nach Polen
22:43

Kyrylo
Ich werde ein Pole sein
22:43

Yeva
Gut für dich!
22:59

Yeva
Vielleicht sehen wir uns in
Polen wieder
22:59

3. März 2022

»Zweite Kriegswoche beginnt. Putin schwört,
er werde ›kompromisslos kämpfen‹«
Kyiv Post

»Experten verurteilen Einsatz von
Streumunition in Ukraine«
Sueddeutsche.de

»Über 1 Million Menschen fliehen aus der Ukraine –
der schnellste Exodus in diesem Jahrhundert«
Daily Telegraph

»141 Staaten fordern Russland zum Abzug
aus der Ukraine auf«
Frankfurter Allgemeine Zeitung

Tag 8

Ein Tod ganz nah

Ich wachte auf. Ich dachte, die Nacht wäre ruhig gewesen, aber Oma sagte, sie konnte auch hier einen Beschuss hören, aber nur aus der Ferne.

Und dann hat sie eine Nachricht von einer Freundin bekommen. Ihr Mann wurde getötet.

Er war Wasser holen, von einer Quelle, und dann – BUMMM! – eine Streubombe. Die Splitter hatten seinen ganzen Körper zerschnitten. Sein Bein wurde weggesprengt. Er war siebenundvierzig Jahre alt. So ein guter Mann und ein guter Vater und alles, und – Oma hatte erst vor ein paar Tagen mit ihm gesprochen. Und heute ist er tot. Es ist so furchtbar! Wir stehen total unter Schock.

11:00 Uhr Wir mussten etwas Geld abheben und was zu essen einkaufen. Ich sagte, ich mache das. Als ich zurück war, sagte Oma, dass wir jetzt zum Bahnhof gehen und einen Zug in die Westukraine nehmen.

Unsere Gastgeber riefen uns ein Taxi. Wir mussten nicht lange warten, bis es kam. Wir verabschiedeten uns. Inna bleibt bei ihrer Familie. Alles wird gut, sagte sie. Ich hoffe, wir sehen uns wieder. Sie sagte, ich muss irgendwann mal zurückkommen und meinen Engel zu Ende malen. Irgendwann nach dem Krieg. Wir wünschten uns alles Gute. Dann stiegen wir ins Taxi und redeten unterwegs ein bisschen mit dem Fahrer. Er sagte, er kommt aus Donezk[21]. Wir fragten nach dem Fahrpreis, und er sagte, er will kein Geld. So viele wunderbare Menschen!

Dann waren Oma und ich am Bahnhof. Wir gingen hinein und wollten rausfinden, wann ein Zug kommen würde, aber niemand schien etwas zu wissen.

Plötzlich ertönte eine Durchsage: »Warnung! Luftangriff! Alle in Deckung!« Wir rannten in die Unterführung zwischen den Bahnsteigen. Dort war eine junge Freiwillige namens Rada. Oma fragte sie, was wir tun sollten. Rada sagte, sie könnte uns helfen, und sie fand heraus, dass um 14:00 Uhr ein Zug nach Truskawez fährt, das ist in der Nähe von Lwiw. Den wollten wir nehmen.

Die Luftschutzsirene war irgendwann wieder still, und Rada brachte uns in den Warteraum. Dort waren noch ein paar Leute. Wir wollten darüber reden, was wir durchgemacht hatten – aber die Leute waren aus Dnipro, und ich glaube, sie konnten nicht so richtig verstehen, wie schlimm es in Charkiw ist.

Wir haben Tee getrunken und ein paar Kekse gegessen. Ab 13:00 Uhr haben wir nur noch die Minuten gezählt, bis der Zug einfahren würde.

Endlich wurde die Ankunft angekündigt. Ganz viele Menschen eilten zum Bahnsteig und wir auch. Es war nicht leicht, uns in den richtigen Waggon zu quetschen, aber: geschafft! Juhu!

Dann saß ich auf dem Fenstersims im Zug und wartete darauf, dass es losgeht. Immer mehr Menschen stiegen ein, immer weniger blieben draußen auf der Plattform –

aber doch einige. Der Zug ruckte und setzte sich in Bewegung. Die Leute auf dem Bahnsteig rannten verzweifelt hin und her. Sie taten mir richtig leid. Aber wir waren jetzt unterwegs!

Eine Zugbegleiterin kam rein und sagte, ich soll nicht auf dem Sims sitzen, sondern auf die obere Liege klettern. Das tat ich sehr gerne. Die Fahrt war lang, aber lustig. Ich habe mich mit Lera angefreundet, und wir haben den halben Tag lang gelacht. Sie kommt auch aus Charkiw und wir sind gleich alt, wir haben uns total gut verstanden.

***

Diana
Meine Eltern und ich sind heute um
6 Uhr morgens los, jetzt nahe Lwiw
08:11

Yeva
Gute Reise!
09:06

Kyrylo
Wir sind morgen früh in Lwiw und am
späten Nachmittag dann in Polen
11:52

Ella
Cool
13:12

Ella
Viel Glück für die Reise 🏵
13:13

Nadja
Wir bleiben in Charkiw
19:30

Polina
Unsere Balkonfenster sind rausgeflogen
19:34

Myron
Wir sind weg
19:37

Nadja
Wir wurden heftig bombardiert
19:46

Nadja
Soooo heftig
19:47

Nadja
Ich hab ANGST
19:47

Nadja
So laut war es noch nie
19:47

Yeva
Halt durch, Nadja 💚! Es wird schon. Leg dich am besten auf den Boden oder noch besser geh in den Keller
19:50

Nadja
Meine Beine wollen nicht
19:53

Polina
Dann wenigstens in den Flur
20:00

Andrej
Was ist mit der Schule los
20:31

Andrej:
?
20:31

Polina
Die Schule hat was abbekommen
20:32

Andrej
Ich glaube, sie brennt.
Bin aber nicht sicher
20:32

Polina
In Lwiw heulen gerade die Sirenen
23:33

***

18:00 Uhr Die Sonne geht unter ... Ich versuche, mir den Ort vorzustellen, wo wir hinfahren, aber irgendwie geht das nicht.

Draußen ist es dunkel, aber Lera konnte doch noch was aus dem Zugfenster sehen. Sie sagte, das Unkraut da draußen ist total schön. Da musste ich wirklich lachen. Da frag ich mich die ganze Zeit, was als Nächstes kommt, und mache mir Gedanken, aber sie kann einfach nur das Unkraut bewundern!

Manchmal ist die Reise unheimlich. Der Zug wird immer wieder langsam, und manchmal bleibt er stehen. Das Licht im Waggon geht oft aus. Jedes Mal, wenn es wieder angeht, atmen alle erleichtert auf. Manchmal ist mir gar nicht nach reden zumute, nicht mal mit Lera ... Irgendwann sagte Oma, sie hätte in der Ferne Explosionen gesehen, mir aber zu der Zeit nichts erzählt, um mir nicht noch mehr Angst zu machen. Wahrscheinlich ist der Zug deswegen stehen geblieben – musste wohl auf ein Signal warten, dass es sicher war, weiterzufahren.

Wir passieren Kyiv, das macht mir Angst.

4. März 2022

»Putins erschreckende Warnung:
Das Schlimmste kommt noch«
Daily Telegraph

»EU rechnet mit Millionen Flüchtlingen«
Frankfurter Allgemeine Zeitung

»Russischer Angriff auf ukrainisches
Atomkraftwerk alarmiert Experten«
The Irish Times

»Die Ukraine appelliert an das Rote Kreuz,
humanitäre Korridore für belagerte
Zivilbevölkerung einzurichten«
Kyiv Post

Tag 9

Wir sind Flüchtlinge

Ich bin um sechs Uhr morgens aufgewacht. Wir wussten inzwischen, dass unser Zug bis Uschhorod fährt. Ich schaute auf die Karte: Uschhorod liegt im äußersten Westen der Ukraine. Zuerst dachten wir, wir fahren einfach bis zur Endstation. Aber dann sagte meine neue Freundin Lera, dass sie mit ihrer Mutter in Lwiw aussteigt, und dann geht's nach Rumänien oder vielleicht nach Deutschland. Warum nicht?, dachte ich. Aber das würde schwierig werden. Wenn wir mit Lera mitkommen wollten, über Lwiw, müssten wir dort stundenlang auf den Bus zur rumänischen Grenze warten. Und wir wissen auch nicht so genau, was uns an der Grenze erwarten würde. Also sind wir doch im Zug geblieben.

Lera und ihre Mutter stiegen in Lwiw aus. Wir verabschiedeten uns. Das war traurig. Wir hoffen beide, dass wir uns irgendwann in Charkiw wiedersehen. Wir fahren jetzt weiter in Richtung Uschhorod. Da ist in der Nähe auch eine Grenze, zur Slowakei und zu Ungarn. Den Rest finden wir eben heraus, wenn wir dort sind.

8:00 Uhr In Lwiw sind ganz viele Leute ausgestiegen, unser Waggon ist jetzt halb leer. Wir sind in ein anderes Abteil gewechselt, da war eine untere Liege frei.

Eine Zugbegleiterin, sie kommt aus Saporischschja,

Wir kommen an einem bekannten Ort vorbei:
Burg Palanok bei Mukatschewo

Im Zug nach Uschhorod, das Tagebuch immer in
meiner Nähe

erzählte, dass die russischen Besatzer gerade das Kernkraftwerk[22] dort okkupiert haben. Sein Kernreaktor ist zehnmal so stark wie in Tschernobyl. Wenn der explodiert, ist alles, alles kaputt.

13:00 Uhr Es sind fünf Stunden vergangen – die Fahrt ist lang und jetzt, ohne Lera, auch langweilig. Inzwischen sind wir in Mukatschewo. Ich kann Burg Palanok nahe Mukatschewo aus dem Fenster sehen und mache ein Foto. Letzten Sommer war ich mal da. Damals war alles ganz anders. Damals war ich Touristin, jetzt flüchte ich vorm Krieg.

15:00 Uhr Als wir endlich in Uschhorod waren, haben wir zuallererst am Bahnhof was gegessen. Dann gingen wir in so ein Büro, das Unterkünfte zuweist. Wir wurden zu einem Bus gebracht, und dann fuhren wir los – keine Ahnung, wohin. Niemand sagte es uns. Niemand schien zu wissen, was auf uns zukommt. Wir sind jetzt Flüchtlinge. Vielleicht haben wir eine Chance, nach Großbritannien oder nach Europa zu kommen[23] und erst mal dort zu bleiben.

Wir wurden zu einem anderen Büro gebracht, einem Anmeldebüro. Dort haben wir ein Dokument mit einer Adresse bekommen, und Freiwillige haben uns mit ihrem Auto dorthin gebracht.

Dort stellten wir dann fest, dass es die Adresse einer Schule war. Wir gingen rein. Da war ein Mann, der *hello* sagte – ich dachte zuerst, auf Deutsch, aber es war Englisch. Er wollte mich etwas fragen, aber ich sagte, tut mir leid, ich kann gerade nicht. Es war alles einfach zu viel.

Dann kam Mina und erklärte uns die ganzen Sachen. Sie ist hier die Verantwortliche. Während sie uns in der Schule herumführte, begann der Mann von vorhin, uns zu filmen.

Ich wusste nicht, wohin mit mir. So eine Anspannung! Ich musste irgendeine Beschäftigung finden. Und irgendwie das Ganze verstehen: Wo bin ich, wie lange, was jetzt?

Wie soll ich auf einer Matratze in einer Schulsporthalle schlafen statt in meinem warmen, gemütlichen Bett? Wo soll ich mich waschen? Kein warmes Wasser hier. Wenn ich nur stattdessen in *meiner* Schule sein könnte! Und zwar nicht zum Leben, sondern normal. Mit meinen Freunden. In Frieden. Ich war wie betäubt.

Inzwischen hatte Oma dem Mann von eben irgendwie erklärt, dass ich Tagebuch führe. (Keine Ahnung, wie: Sie kann eigentlich kein Englisch und er kein Russisch oder Ukrainisch.) Jedenfalls fand er das wohl interessant. Ich ging dann rüber und wir redeten ein bisschen. Sein Name ist Flavian. Er arbeitet für Channel 4, das ist ein britischer Fernsehsender.

Ich erzählte ihm meine Geschichte. Er fragte, ob er mich dazu vor der Kamera interviewen darf, und ich sagte Ja.

Dann suchten wir zusammen einen Raum fürs Interview, und in der Zwischenzeit redeten wir weiter miteinander. Eigentlich ist Flavian Franzose, sagte er. Einen separaten Raum konnten wir nicht finden, also machten wir das Interview einfach mitten in der Schulaula. Er richtete die Kamera auf mich, damit ich aus meinem Tagebuch vorlese. Es war noch Paraic dabei, ein irischer Reporter, er arbeitet auch für Channel 4. Er stellte mir ein paar Fragen.

Wir fragten, ob sie uns helfen könnten, das Land zu verlassen oder eine Wohnung zu finden. Sie sagten, sie würden sehen, ob sie was tun können. Ich hoffe, sie versuchen es wirklich.

Jetzt will ich versuchen zu schlafen. In der Turnhalle sind etwa fünfzig Leute.

5. März 2022

»Russland okkupiert Europas größtes Atomkraftwerk
und dringt weiter nach Süden vor; die ukrainische
Bevölkerung in die Flucht getrieben«
The New York Times

»Nukleare Katastrophe knapp abgewendet«
The Guardian

»Weitere Luftangriffe in der Ukraine gemeldet«
BBC

»Ukraine: Welternährungsprogramm
warnt vor Nahrungsknappheit«
Sueddeutsche.de

Tag 10

Ich gebe ein Interview

Ich bin aufgewacht. Gestern ging es mir richtig mies, heute ist es besser.

In Charkiw ist es aber ganz schlimm. Ich verstehe nicht mehr, was da vor sich geht. Die ukrainische Armee hat einige unserer Freunde aufgefordert, die Keller in ihrem Wohnblock zu verlassen, es hieß, sie waren dort nicht sicher. Sie wurden auf Lastwagen verladen und irgendwohin gebracht. Wir wissen noch nicht, wohin. Vielleicht ins Stadtzentrum?

Eine Freundin von Oma sagt, die Hälfte des Hauses, wo sie wohnt, wurde zersprengt. Alle unsere Freunde, die noch in Charkiw sind, wollen raus. Alle haben furchtbare Angst. Aber es ist inzwischen noch schwieriger, rauszukommen.

Andere Freunde und Nachbarn wurden irgendwohin gebracht und dort einfach abgesetzt, mitten auf der Straße.

Ich habe Olha angerufen. Sie ist jetzt in Dnipro. Dort scheint im Moment alles ruhig.

14:00 Uhr Die Reporter waren wieder da. Ich habe selbst mit ihnen geredet und auch für Oma gedolmetscht. Wir haben unsere Geschichte erzählt, vom ersten Kriegstag an.

Dann sind wir ins Stadtzentrum gefahren und haben uns dort umgesehen.

Alles erinnert mich an Charkiw – jedes Gebäude, jedes Wahrzeichen, jede Brücke, jede Aussicht. Es tut mir weh, an meine Heimatstadt zu denken. Sie ist viel schöner als Uschhorod – oder soll ich sagen: »Sie war viel schöner«? Eins muss ich aber zugeben: Die Schokolade hier ist lecker. Und: Wir haben ein neues Ladegerät für mein Handy gekauft.

Als wir wieder an der Schule ankamen, fühlte ich mich ganz miserabel. Aber ich versuche, nicht den Mut zu verlieren.

Hier werde ich vom Team von
Channel 4 interviewt

6. März 2022

»Russland nimmt den Beschuss trotz
vereinbarten Waffenstillstands wieder auf.
Evakuierung am zweiten Tag gestoppt«
The Irish Times

»Über 1,5 Millionen Menschen fliehen
vor dem Krieg in der Ukraine«
Kyiv Post

»Polen nimmt mehr als 920 000 Geflüchtete
aus der Ukraine auf«
Die Welt

»Ukraine stoppt einige Exporte,
als Lebensmittel knapp werden«
CNN

Tag 11

Ein Spaziergang am Fluss Usch

Der Morgen war ganz normal. Wir sind aufgewacht, haben uns einigermaßen gewaschen und sind ins Stadtzentrum gefahren, zum Spazierengehen. Diese Stadt mag ich inzwischen richtig gerne, vor allem die Promenade am Fluss! Er heißt Usch, nach ihm ist die Stadt benannt.

Dieser friedliche Spaziergang war schön. Unterwegs hab ich meine Schulfreundin Kristina angerufen, und wir quatschten eine halbe Stunde lang. Dann kam eine Nachricht von Paraic: Sie wollten ein Video über uns drehen. Ich schickte ihnen unseren Standort.

Nach einer Weile trafen wir uns dann mit den Reportern. Sie filmten uns für die Channel 4 News in Großbritannien. Sie wollten, dass ich eine Freundin anrufe. Erst habe ich Olhas Nummer gewählt, aber sie ging nicht dran. Und dann dachte ich: Ich habe heute schon mal mit Kristina gesprochen, und sie ist ja immer noch in Charkiw. Warum nicht ein Interview mit ihr aufnehmen? Ich habe ihre Mutter um Erlaubnis gebeten, und dann legten wir los.

Kristina ist so mutig! Sie erzählte, dass ihre Familie bei Beschuss nur in den Wohnungsflur geht und dort abwartet, so sind sie weiter weg von den Fenstern. Die Reporter haben auch direkt mit ihr geredet, manchmal habe ich dabei gedolmetscht. Als wir mit dem Video fertig waren, ging es zurück in die Schule.

7. März 2022

»Putins Barbarei sät Angst und Schrecken«
Daily Telegraph

»Russland greift an: aus der Luft,
vom Land und vom Meer.
Zivilbevölkerung umzingelt«
Kyiv Post

»Zahl der Kriegsflüchtlinge steigt rasant«
Frankfurter Allgemeine Zeitung

»Familien fliehen um ihr Leben«
The Times

Tag 12

Wie kriegt Oma einen neuen Pass?

Oma und ich beraten uns die ganze Zeit, was wir nun tun sollen. Wir können nicht hierbleiben, weil bald das Schuljahr beginnt. Wir müssen dann aus der Schulhalle raus, und hier in Uschhorod gibt es nichts zu mieten. Also wollen wir die Ukraine verlassen. Aber dafür muss Oma erst einen neuen Pass besorgen: Ihr Pass ist in unserer zerbombten Wohnung geblieben.

Wir gingen wieder zum Registrierungszentrum, ins »Sowyne hnizdo«[24]. Erst sagte man uns, die Passabteilung wäre dort drüben – dort war aber inzwischen ein Behelfskrankenhaus für Menschen mit schwerem COVID. Bei der Hilfshotline sagte man uns dann, bis Ende des Krieges können sie keine neuen Pässe mehr ausstellen. Tja … Wir sind also gefangen, wie es scheint. Aber wir geben nicht auf. Wir versuchen, einen Weg in ein anderes Land zu finden.

Wir sind wieder in die Stadt gefahren. Als wir noch in Dnipro waren, hatten wir an einem Automaten Geld abgehoben – wir hatten gehofft, uns davon eine Bleibe zu mieten. Es war nur keine zu finden, also wollte Oma das Geld jetzt wieder auf ihr Konto einzahlen. Die Banken hier nehmen aber komischerweise kein ukrainisches Geld, also wollte sie unsere Hrywni[25] in Euro umtauschen. Nur: Der Kurs ist sehr schlecht. Einen Euro kann

man für dreiundvierzig Hrywni kaufen oder für achtund-
dreißig Hrywni verkaufen. Früher kostete ein Euro etwa
dreißig Hrywni, und der Unterschied zwischen Kauf und
Verkauf war nie mehr als eine Hrywnja, sagt Oma.

Es ging also zurück in die Schule. Da kam bald jemand
vorbei, um die Kinder aufzuheitern, als Eisbär verkleidet.
Es gab Musik, und alle Kinder tanzten.

Dann sagte einer von den Reportern, dass mich noch
eine Kollegin von ihm anrufen möchte, Nik heißt sie. Sie
hatte auch einen Dolmetscher. Ich sagte ihr, ich weiß
nicht, was wir nun tun sollten. In der Ukraine bleiben
oder gehen? Und wenn gehen, wie?

Ein bisschen Ablenkung in der
Flüchtlingsunterkunft in Uschhorod

UNGARN

8. März 2022

»Die russische Armee greift Wohngebiete
und Zivilisten an – wahllos«
Frankfurter Allgemeine Zeitung

»Charkiw wird von Tag zu Tag mehr
zu einer Geisterstadt«
Kyiv Post

»Kranke Kinder von Putins Bombardierung
aus den Krankenbetten gezwungen«
The Independent

»Humanitäre Krise«
The Washington Post

Tag 13

Ein neues Leben wartet auf uns

8:30 Uhr Ich wache auf, Oma und ich reden wieder lange darüber und beschließen, auf jeden Fall nach Ungarn zu fahren. Oma hat gehört, dass die ungarischen Behörden wegen der aktuellen Situation manchmal ein Auge zudrücken, wenn die Papiere nicht vollständig sind.

Wir rufen Pater Emilio an, einen katholischen Priester in Uschhorod. Seine Nummer haben wir von den Reportern. Pater Emilio gibt uns die Nummer eines Freiwilligen. Wir rufen dann den Freiwilligen an, und er ist bereit, uns von der Schule abzuholen und nach Tschop[1] nahe der ungarischen Grenze zu bringen. Von dort aus wollen wir die Grenze nach Záhony überqueren.

»Wann fährt der Zug ab?«, haben wir gefragt.

»Um 10:25 Uhr«, sagte er.

Wir wollten wissen, ob wir es auch schaffen.

Er sagte, keine Sorge, dauert nur eine halbe Stunde.

Wir packten in Windeseile. Ich rannte in der Schule hin und her und suchte unsere Sachen zusammen. Dann sagte der Freiwillige, er würde in fünfzehn Minuten da sein.

Oma und ich verabschiedeten uns von Mina und dankten ihr für ihre herzliche Hilfe. Dann war das Auto auch schon da. Der Freiwillige hieß Arsenij. Er fuhr uns den ganzen Weg zum Bahnhof in Tschop, und wir erzählten ihm unsere Geschichte. Aus dem Auto habe ich die Fernsehreporter angerufen. Sie warteten in Záhony auf uns.

Wir sind in Tschop angekommen! Arsenij hat uns am Bahnhof geholfen, mit den Fahrkarten und allem. Ich habe die ganze Zeit alles gefilmt. Wir stellten uns in eine lange Schlange zur Grenzkontrolle. Der Zug war verspätet. Das war auch gar nicht schlecht, weil die Kontrolle so lange dauerte – die Abfahrt war eigentlich um 10:25 Uhr, aber wir standen erst gegen 12 Uhr am Fenster der Kontrolle.

Oma und ich zeigten dem Beamten unsere Papiere, aber er sagte, da fehlt noch ein Dokument! Und zwar eine Einverständniserklärung von Mama oder Papa, dass ich das Land verlassen darf.

Bevor Mama nach meinem Geburtstag wieder in die Türkei ging, hatte Oma schon heftigen Streit mit ihr darüber. In der Ukraine war damals schon von Krieg die Rede, und Oma wollte für alle Fälle so eine Erklärung haben, aber Mama war sicher, es würde schon keine Invasion geben. Die Beglaubigung kostet Geld, sagte sie, und sie wollte es nicht umsonst ausgeben.

Und nun fehlte uns dieser eine Zettel. Es kamen noch andere Beamte dazu, um zusammen zu entscheiden, ob sie uns nach Ungarn durchlassen konnten. Wir standen mit Tränen in den Augen da und beteten. *Bitte, bitte, wir wollen hier raus.* Und: Wir wurden durchgelassen! Obwohl uns die Erklärung von meinen Eltern fehlte, und Omas Pass dazu! Sie sagten, schon gut, es ist Kriegszeit, da gelten die normalen Regeln nicht. Vielleicht haben sie uns dank unserer Gebete und unserem Glauben passieren lassen? Ich war überglücklich!

Wir stiegen in den Zug. Hurra! Oma fand einen Sitzplatz, und ich stand daneben. Nach nur zwanzig Minuten waren wir aus der Ukraine raus und in Záhony – in Ungarn! Wir warteten, bis wir aus dem Zug durften. Die Leute an der Grenze kontrollierten die Pässe von jedem Menschen an Bord. Ich hatte Angst, dass sie wieder nach der Einverständniserklärung fragen. Durch das Fenster sah ich die Fernsehreporter auf dem Bahnsteig. Ich winkte ihnen zu, und sie winkten zurück. Als wir uns langsam in der Menschentraube auf die Türen zubewegten, sprang Flavian eben mal so auf die Gleise und fing an, von da aus zu filmen. Das war irgendwie lustig.

Nach einer Stunde, oder vielleicht nach einer halben, waren wir endlich an der Reihe. Unsere Papiere wurden kontrolliert, und wir stiegen aus dem Zug. Und Gott sei Dank fragte niemand nach der Erklärung!

Dann ging's weiter zur Registrierungsstelle. Leider wurden die Reporter nicht reingelassen. Aber sie warteten auf uns, als wir rauskamen. Oma hatte jetzt ein Visum für drei Monate. Dann kriegten wir auch die Fahrkarten. Eine Dame verteilte sie einfach so, wie Flugblätter. Und dann liefen wir direkt zum Zug nach Budapest. Das ist die Hauptstadt von Ungarn.

***

Die ganze Zeit haben Leute aus meiner Klasse Nachrichten in den Chat geschrieben. Ganz viele verlassen jetzt Charkiw, wenn sie es nicht schon früher getan haben. Polina ging nach Deutschland, Marina nach Krementschuk in der Zentralukraine, und Kyrylo ist gerade an der polnischen Grenze.

Bei der Anfahrt konnte ich Budapest ein bisschen aus dem Zugfenster sehen, und die Stadt kam mir ganz gewöhnlich vor. Aber dann, als wir ausgestiegen sind! Das war schon beeindruckend. Keleti ist ein wunderschöner Bahnhof mit riesigen Säulen und einem enormen Glasdach drüber. Die Reporter waren mitgekommen. Sie filmten, wie wir ankamen. Ich ging in die Bahnhofshalle rein, da standen jede Menge Statuen an den Wänden. Und da waren auch ganz viele Freiwillige, die alles verteilten, was man sich nur wünschen konnte – Shampoo, Damenbinden, Windeln ... Wir haben Zahnpasta und Zahnbürsten bekommen, und etwas zum Essen auch.

Dann gingen wir in die Stadt hinaus. Ich schaute mich um. Es war unglaublich! Ich muss das einfach immer wieder sagen – was für eine schöne Stadt! Das große Einkaufszentrum, die alten Gebäude, Menschen und Autos, das ganze Gewusel ... Dieses Gefühl, in Europa zu sein! Zum ersten Mal in meinem Leben!

Wir sind zweimal über die Straße gelaufen, um ein Taxi für die Reporter zu finden, und jedes Mal mussten Oma und Paraic auf der Insel in der Mitte der Straße warten, weil sie nicht mithalten konnten. Das war lustig.

Dann hat uns Piotr mit seinem Auto abgeholt. Er stammt aus Polen. Wir haben uns von den Reportern verabschiedet und abgemacht, uns morgen wieder zu treffen. Piotr würde uns zu jemandem bringen, der angeboten hatte, uns für eine kleine Weile aufzunehmen.

Wir fuhren auf die andere Seite der Stadt. Einige Stra-

111

ßen hier erinnern mich an Charkiw. Alte Kirchen ... Wir haben aus der Ferne die Széchenyi-Kettenbrücke gesehen, wunderschön. Der Fluss ist ganz märchenhaft. Da war ein Boot mit vielen Lichtern, und es stehen auch total romantisch Straßenlaternen den Fluss entlang. Links und rechts von dem Fluss sind ganz unglaubliche Gebäude: der Burgpalast, das ungarische Parlament und viele andere spannende Dinge. Ich konnte nur die ganze Zeit wiederholen: »Wir sind ja so richtig in Europa!«

Piotr hat uns erzählt, wie die Stadt ihren Namen bekommen hat. Er sagt, »pest« hat irgendwie was mit den Lebensmittelgeschäften zu tun und »Buda« ist der Name der Burg auf dieser Seite von dem Fluss.[2]

20 Uhr Wir sind angekommen und haben unseren neuen Gastgeber kennengelernt. Sein Name ist Attila. Er schien aufrichtig froh, uns zu sehen. Er zeigte uns alles – unser Zimmer, die Dusche und die Küche – und sagte, dass wir alles benutzen können. Und dass wir uns jetzt erst mal ausruhen sollen, morgen ist noch Zeit zum Reden. So ein netter Mensch!

Morgen haben wir bestimmt einen großen Tag vor uns. Gerade falle ich vor Erschöpfung richtig um.

9. März 2022

»Nach zwei Wochen Ukraine-Krieg:
Russland verlangsamt, aber nicht gestoppt«
The Independent

»Amerika stoppt die Einfuhr von Öl und Gas
aus Russland«
Frankfurter Allgemeine Zeitung

»Laut Selenskyj wurden etwa 35 000 Menschen
durch humanitäre Korridore gerettet«
CNN

»Selenskyj sagt: Flugverbot nötig, sonst droht
eine humanitäre Katastrophe«
Kyiv Post

Tag 14

Ein unvergesslicher Abend

Ich war um halb neun wach. Es ist das erste Mal seit Beginn der Invasion, dass ich die ganze Nacht durchgeschlafen habe. Dann lag ich noch da, mit einem glücklichen Grinsen im Gesicht, und dachte an gestern.

Beim Frühstück erzählte ich Attila, was in Charkiw passiert ist und wie wir hierhergekommen sind.

Heute wollen wir die Stadt erkunden. Attilas Wohnung ist ganz nah am Stadtzentrum. Sie hat einen total komplizierten Grundriss, und der Balkon schaut auf einen kleinen Innenhof. Attila machte ein paar Fotos von uns. Er ist von Beruf Fotograf.

Die Reporter haben angerufen und mir am Telefon Delara und Tom vorgestellt – ebenfalls von Channel 4 News. Wir haben alle zusammen telefoniert, und wir werden uns treffen. Ich kann's kaum erwarten!

Die Zeit wurde mir lang. Ich lief in der Wohnung hin und her. Dann läutete endlich jemand. Ja, das waren sie! Ich wollte sie schnell reinlassen – und dann habe ich mich in der Wohnung verlaufen! Nach ein paar Minuten fand ich endlich die Tür. Sie kamen rein, und wir lernten uns kennen. Das Gespräch kam nach und nach ins Rollen, und ich erzählte ihnen meine Geschichte, von Anfang an. Nach einer Weile klingelte es wieder an der Tür: Es waren unsere alten Bekannten von Channel 4 News.

Ich ließ sie rein – diesmal habe ich mich nicht verlaufen! –, und dann wurde ein Interview aufgenommen. Sie fahren bald weiter nach Moldawien; nur Delara und Tom bleiben hier. Schade ... Ich habe den Reportern eine gute Reise gewünscht. Ich werde sie wirklich vermissen.

Danach wollten Oma und ich unten am Fluss spazieren gehen. Ich schnappte mir eine Karte, und wir machten uns auf den Weg. Wir waren aber nicht ganz sicher, wie wir dorthin kommen. Ich fragte eine junge Frau, aber sie sprach kaum Englisch. Ich versuchte es mit einer Übersetzungs-App, und sie erklärte uns den Weg, aber wir konnten sie kaum verstehen. Dann fragten wir noch ein paar andere Leute, aber sie taten einfach so, als würden sie uns nicht sehen. So was nennt man Diskriminierung!

Na ja, wir machten stattdessen eben einen Spaziergang durch den Park nahe der Wohnung. Danach wollten wir noch eine Apotheke finden. Da lief zum Glück gerade eine andere junge Ungarin vorbei, und sie konnte Englisch. Sie kam sogar mit – aber dann war das keine Apotheke, sondern ein medizinisches Labor. Sie wollte uns den Weg zu einer anderen Apotheke erklären, aber wir konnten ihr nicht recht folgen.

Übrigens sind die Sirenen von Krankenwagen, von der Feuerwehr und von Polizeiautos hier in Budapest sehr laut. Dreht es doch mal ein bisschen runter, Leute!

Da hat Delara mich angerufen – und uns zu einer Bootstour eingeladen! Von einem Boot aus die Sehenswürdigkeiten sehen: Wir waren begeistert! Natürlich haben wir Ja gesagt. Sie holen uns um 19:45 Uhr ab, und dann geht es los: mit dem Boot durch Budapest.

Um Viertel vor acht klingelte es tatsächlich an der Tür. Ich wäre vor Eile beinah über die eigenen Füße gestolpert! Wir stiegen in ein Taxi und fuhren durchs Stadtzentrum, und dann warteten wir ein bisschen auf das Boot.

Endlich durften wir einsteigen und machten uns auf den Weg zum Oberdeck. Das Boot setzte sich in Bewegung. Wir fuhren den Fluss hinunter. Ich atmete die frische Luft und schaute mir das ungarische Parlamentsgebäude an. Total schön. Ich habe das Weiße Haus in Amerika nie in echt gesehen, aber das Parlament hier ist bestimmt eine Million Mal schöner! Es ist unglaublich groß, wie ein Palast. Die ungarische Flagge auf dem Dach sieht man selbst abends vom Boot aus ganz deutlich, und in der Dunkelheit ist das Gebäude beleuchtet und wirkt sehr romantisch. Dann haben wir noch viele Brücken und die Burg und überhaupt die Stadt in ihrer ganzen Pracht bewundert. Ich war wie benommen von der ganzen Schönheit.

Während unserer Flussfahrt wurde auch ein Interview gefilmt. Man sieht dort wohl, wie ich vor Begeisterung fast platze. Ich habe wirklich jeden Moment genossen.

Irgendwann machte das Boot kehrt. Wir legten an. Ich bedankte mich bei Tom und Delara für den schönen Abend, dann kehrten Oma und ich in die Wohnung zurück. Ich bin so müde! Wenn ich das geschrieben habe, falle ich ins Bett und schlafe bestimmt sofort ein.

*Ein wundervoller Abend in Budapest auf einem Boot auf der
Donau, zusammen mit dem Team von Channel 4*

10. März 2022

»Für Wasser müssen sie Schnee kochen.
Der Tod liegt in der Luft«
The New York Times

»›Genozid‹: Russland bombardiert
ukrainisches Kinderkrankenhaus«
The Guardian

»Kein Fortschritt in Sicht, als sich russische und
ukrainische Außenminister zum ersten Gespräch
seit der Invasion treffen«
CNN

»Ukraine-Krise verstärkt Befürchtungen einer
weltweiten Nahrungsmittelkrise«
The Scotsman

Tag 15

Ich habe ein Geheimnis

In der Nacht ist eine Gruppe Flüchtlinge aus Odessa[3] in der Wohnung angekommen; sie haben auch hier übernachtet. Und heute früh sind noch mehr Geflüchtete gekommen.

Später werden wir Delara und Tom treffen; wir hatten abgemacht, dass ich ihnen aus meinem Tagebuch vorlese. Ich kann's kaum erwarten, sie zu sehen. Die anderen von Channel 4 sind schon in Moldawien.

Oma und ich beschlossen, wieder einen Spaziergang im Park zu machen. Dieses Mal fühlten wir uns etwas sicherer. Es war warm und sonnig.

Dann ging es in die Wohnung zurück; Tom und Delara kamen vorbei und filmten, wie ich aus dem Tagebuch vorlese.

Jeden Tag schreibe ich Nachrichten an meine Freunde und rufe sie an. Ich frage sie, wie die Lage in Charkiw ist. Oma Sina und Opa Josif rufe ich auch an, auch sie sind noch in Charkiw.

Morgen ist ein großer Tag. Seit wir die Reporter kennen, habe ich ein Geheimnis, das ich meinem Tagebuch noch nicht anvertraut habe. Morgen wird alles enthüllt!

IRLAND

Tag 16

Wir fliegen!

Heute geht's nach Dublin, Irland! Das ist das Geheimnis, das ich bis jetzt dem Tagebuch verschwiegen hatte. Jetzt aber: Wir hatten die Reporter ja gleich am Anfang gebeten, uns zu helfen. Eigentlich wollten wir am liebsten nach England. Aber nach drei Tagen oder so war klar, dass wir dafür Familie in England haben müssten. Die Reporter sagten, wir könnten nach Irland oder Frankreich. Wir hatten gehört, dass die Menschen in Frankreich nicht so einwandererfreundlich sind, und wir sprechen ja auch kein Französisch. Also: Irland!

Damals, als ich mit Nik telefonierte, da erklärte sie mir das ganze Verfahren, und sie schickte uns die Papiere zum Ausfüllen. Die ganze Zeit auf dem Weg kümmerten sich die Reporter um uns; es war auch kein Zufall, dass wir ausgerechnet nach Budapest gingen. Gestern wurden für uns dann Flugtickets bestellt – Tom und Delara haben sie uns auf ihren Handys gezeigt.

Heute hatten wir aber erst mal noch Zeit in Budapest. Wir gingen im Park spazieren, und dann waren wir in einem Einkaufszentrum. Dort ist auch ein Café, Tom und Delara waren da. Früher hatten sie gesagt, sie würden mit uns nach Irland kommen, aber jetzt konnten sie leider doch nicht. Sie brachten uns in die Wohnung zurück, und wir packten. Dann setzten wir uns kurz hin, wie es sich gehört,[1] und machten uns auf den Weg zum Flughafen.

Und dann waren wir auch schon da. Alles wurde für uns geregelt, und wir haben unsere Tickets ausgehändigt bekommen. An der Sicherheitskontrolle haben wir uns von den Reportern verabschiedet. Sie sagten, wir können uns immer an sie wenden, wenn wir Hilfe brauchen. Dann gingen wir durch die Sicherheitskontrolle in die Abflughalle. Wir saßen da und warteten darauf, dass man unser Gate bekannt gibt.

Nach einer Stunde stand endlich die Gatenummer auf dem Bildschirm – B24. Wir machten uns auf den Weg zur Passkontrolle und dann zum Gate. Jetzt mussten wir nur noch warten.

Unser Flug war verspätet. Eigentlich hätten wir um 20:20 Uhr abfliegen sollen.

Eine halbe Stunde lang stand die Warteschlange ohne Bewegung, dann rührte sie sich. Unsere Bordkarten wurden kontrolliert, und dann hieß es, wir sollen Mundschutz aufsetzen. Wir wühlten in unseren Taschen. Keine Maske! Hieß das jetzt, wir dürfen nicht ins Flugzeug? Krieg oder nicht, aber COVID gibt's eben auch. Wenn es jetzt wegen dieser einen Kleinigkeit mit Irland nicht klappt …! Gott sei Dank ging alles gut. Als ich schon ganz verzweifelt war, gab uns die Flugbegleiterin ein paar Masken. Die Warteschlange bewegte sich langsam zum Flugzeug.

Dann warteten wir noch ziemlich lange auf den Start, und dann ging es los. Ich nahm mein Handy und filmte. Das Flugzeug raste immer schneller die Startbahn hinunter, und dann hoben wir ab! Es war fantastisch! Ich fühlte mich so glücklich! Wir waren auf dem Weg in ein sicheres Land – und wir wurden dort erwartet. Ein Paar aus Dublin – Catherine und Gary – würde uns vor dem Flughafen abholen und zu sich nach Hause bringen.

Vor dem Abflug habe ich Catherine und Gary angerufen. Sie sagten noch mal, dass sie uns ganz bestimmt abholen. Der Flug dauerte zwei Stunden und vierzig Minuten. Ich konnte es kaum erwarten!

Endlich war das Flugzeug gelandet. Wir waren in Dublin! Ich machte den Flugmodus aus und sah, dass ich in der Zwischenzeit ganz viele Nachrichten bekommen hatte. Ich wollte zurückschreiben, hatte aber kein Internet.

Wir stiegen aus dem Flugzeug und liefen durch viele lange Gänge. Als ob wir im Kreis laufen würden. Dann waren wir bei der Grenzkontrolle. Erst gab es ein Problem mit Omas Papieren, aber es wurde alles geklärt, und sie kriegte ein Visum für neunzig Tage. Den Rest klären wir später. Erst mal mussten wir unseren Weg aus dem Flughafen finden. Wir wurden ja erwartet!

Wir fragten nach dem Weg zum Ausgang. Dann gingen wir durch die Türen – und da wartete eine ganze Menschenmenge auf uns! Fernsehreporter, Freunde und Familie unserer Gastgeber und unsere Gastgeber selbst – Catherine und Gary. Es war so ein herzlicher Empfang, alle haben sich ständig umarmt! Ich war total glücklich.

Gegen **23:00 Uhr** gingen wir zum Auto, und das irische Paar fuhr uns zu sich nach Hause. Sie sind sehr nett und freundlich. Übrigens fährt man hier auf der linken Straßenseite.

Im Auto habe ich das Team von Channel 4 angerufen und mich bei ihnen für alles bedankt: für die Hilfe unterwegs, für die wunderbaren Gastgeber, die sie gefunden hatten, und dafür, dass wir jetzt in Sicherheit waren.

Wir sind spät angekommen, gegen Mitternacht. Catherine und Gary haben einen Hund namens Buddy. Ich habe ihn ein bisschen geknuddelt. Sie zeigten uns das Haus und brachten uns auf unser Zimmer. Ich wurde mit Geschenken überhäuft – ein neuer Schlafanzug, Waschzeug, Sportkleidung, Spielzeug! Ich war so aufgeregt, ich konnte bis drei Uhr morgens nicht einschlafen!

Ein herzliches Willkommen am Dubliner Flughafen:
Ich, Catherine und Oma

Ein neuer Freund in Dublin

12. März 2022

»Von der Ukraine nach Irland:
Das zwölfjährige Flüchtlingsmädchen Yeva
ist nach Russlands Invasion in Sicherheit«
Channel 4 News

»Das ukrainische Mädchen Yeva (12),
ein Kriegstagebuch in der Hand,
wird am Flughafen Dublin von
ihrer Gastfamilie empfangen«
Independent.ie

Tag 17

Herzliche Menschen
und schöne Gefühle

Heute ist ein brandneuer Tag in einem brandneuen Land! Ich habe unsere neuen Nachbarn kennengelernt und fühle mich sehr willkommen in Irland. Wir haben uns alle umarmt. Sie schienen richtig glücklich, uns zu sehen. Oma spricht kein Englisch, aber sie sagte auch, dass sie die Herzenswärme dieser Menschen spürt. Einige brachten Blumen, andere Geschenke. Es war so ein schönes Gefühl!

Wir saßen und redeten. Sie waren sehr interessiert an unserer Geschichte. Dann fragte mich eine der Nachbarinnen, ob ich bei ihr zu Hause Klavier spielen möchte. Das war sehr nett von ihr, aber konnte ich das noch? Ich hatte ja seit fast einem Monat nicht mehr gespielt. Erst hatte ich Mühe, mich zu erinnern, wie das überhaupt geht, aber schon bald fiel mir alles wieder ein. Es war toll, wieder ein Klavier zu hören, wieder Klassik zu spielen!

Gegen **19:00 Uhr** abends kamen andere Nachbarn vorbei, mit einer Tochter, ungefähr so alt wie ich. Ihr Name ist Nina. Sie fragte, ob wir zusammen was backen wollten bei ihr zu Hause. Backen mag ich total gerne, also sagte ich natürlich Ja! Wir haben die Zutaten für Scones gemischt und uns über alles Mögliche unterhalten. Zusammen schoben wir die Scones in den Ofen und spielten dann mit Ninas Mutter eine Partie Kimble. Es ist ein total lustiges Brettspiel, und ich habe auch noch gewonnen, also war ich sehr zufrieden.

Nach dem Spiel war es an der Zeit, die Scones aus dem Ofen zu nehmen. Richtig gut sahen sie aus! Dann musste ich zurück, und meine neue Freundin hat mir jede Menge Scones mitgegeben. Sie haben Oma und Catherine und Gary sehr geschmeckt. Kein Wunder, sie waren auch wirklich lecker! Das war ein ganz wunderbarer Abend.

Endlich kann ich wieder Musik machen

Tag 18

Die Irische See

Heute früh waren einige irische Reporter da und haben ein Interview mit mir gefilmt, das am Abend im Fernsehen ausgestrahlt wird.

Es gibt in Dublin eine ukrainische katholische Kirche. Da gingen wir hin, zur Messe. Wir haben für uns gebetet und vor allem für unsere Lieben in Charkiw.

Gary holte uns ab, und – hurra! – er hatte Buddy dabei. Er fragte, ob wir einen Ausflug zum Strand machen wollten, zur Irischen See. Natürlich sagten wir nicht Nein!

Ich stieg aus dem Auto und spürte gleich den Wind im Gesicht und in den Haaren.

Wir liefen hinunter zum Strand. Es war Ebbe, und der Strand sah riesig aus. Das Meer war schön wie im Märchen. Ich machte ein paar Fotos. Ich hatte einen warmen Mantel an, aber da waren Kitesurfer, die sich mutig ins kalte Wasser stürzten! Und dann glitten sie über die Wellen. Das Meer war wie ein Spiegel für den Himmel. Ich rannte auf dem Sand herum, und jeder Moment war schön! Diese Freiheit! Auch Buddy rannte glücklich hin und her, und wir spielten Fangen. Wir hatten so viel Spaß!

Dann waren wir noch in der Stadt. Am Fluss entlang sind Bäume gepflanzt, und es gibt wunderschöne grüne

Parks. Und: Es ist dort nicht verboten, übers Gras zu laufen!

Es war ein wunderwunderschöner Tag. Als wir nach Hause kamen, war der arme Hundi völlig erschöpft. Dann machten wir den Fernseher an, und ich habe mich selbst in den Nachrichten gesehen. Das war das erste Mal in meinem Leben, aber ich habe dabei nichts Besonderes gefühlt. Im Interview rede ich von Charkiw, und es tut mir einfach weh, an mein Zuhause zu denken.

Tag 20

Ein Schulausflug

Gestern haben wir Oma Sina und Opa Josif angerufen. Sie sind jetzt in einem anderen Keller, irgendwo am Prospekt Haharina im Süden von Charkiw. Es ist viel bequemer, sagen sie, mit genug Platz zum Schlafen und Waschen und Kochen und Essen. Jetzt bin ich ein bisschen beruhigt. Bis jetzt waren sie in so einem scheußlichen, feuchten Keller!

Oma hat auch mit ihrer Freundin Marfa telefoniert. Marfa sagte, sie war Brot holen und hat Menschen getroffen, die aus einem Zelt heraus Lebensmittel verteilten – aber als sie sich am nächsten Tag wieder aus dem Keller traute, war alles weg, von Bomben zerstört.

Heute um **8:00 Uhr** war ich an Garys Schule – er ist Lehrer wie Catherine auch. Dort habe ich ein paar Mädchen kennengelernt. Älter als ich, aber wir hatten trotzdem Spaß zusammen.

Dann ist die gesamte Klasse zum Bahnhof gelaufen, und wir sind in einen Zug gestiegen. Durch das Fenster konnte ich Dublin sehen. Das Besondere hier ist, dass kein Gebäude mehr als fünf Stockwerke haben darf. Und es gibt auch keine Metro – seltsam! Aber egal, alles hier sieht so europäisch aus, die roten Backsteingebäude, die Straßen und alles!

Wir gingen über die Brücke über den Fluss Liffey. So eine Ansicht! Von der Brücke aus waren noch viele andere Brücken zu sehen, und jede irgendwie besonders. Einige sind hoch, breit, und es fahren Autos darüber. Andere sind klein und nur für Fußgänger. Wir liefen über die bekannteste Straße in Dublin – die Grafton Street – und am Fluss entlang, und dann bogen wir ab zum EPIC, dem Irish Emigration Museum. Das ist ein Museum über Menschen, die aus Irland weggezogen sind und etwas in der Welt gemacht haben.

Wir betraten das gläserne Gebäude und bekamen »Museumspässe« – kleine Hefte mit einer Karte der Ausstellungsstücke, und es gab dann jeweils einen Stempel, wenn man sie gefunden hatte. Die Klasse blieb brav zusammen, wie ein Vogelschwarm. Drinnen gab's jede Menge Informationen über die Geschichte Irlands, die ich nicht immer verstehen konnte. An die Wände wurden Videos projiziert: Hungersnot, Kriege, nationale Feiertage, irisches Essen und Tänze. Ich versuchte, ein paar Schritte nachzumachen. Ich will nicht prahlen, aber ich glaube, es hat ziemlich gut geklappt!

Nach dem Museum ging es zum Trinity College. Auf dem Weg dorthin dachte ich immer wieder, wie hübsch alle Straßen und Geschäfte sind. Und dann gingen wir in die Bibliothek und haben dort das *Book of Kells*[2] gesehen – ein riesiges Manuskript auf Lateinisch, tausendzweihundert Jahre alt. Wir durften keine Fotos machen. Dann ging es eine Treppe hinauf, und da waren zwei Stockwerke voll mit Büchern. Bestimmt kann man dort alles Mögliche finden, selbst Gedichte von Puschkin[3] in englischer Übersetzung (der erste Schriftsteller, der mir in den Sinn gekommen ist). Jemand spielte die Musik aus dem Harry-Potter-Film auf dem Handy, und wirklich – dieser alte Ort mit den Büchern fühlt sich an wie Hogwarts!

Auf dem Rückweg zum Zug hab ich einen wunderschönen Bus gesehen – ich weiß, dass es solche Busse in London gibt, aber dieser war bunter. Ich war so müde, dass ich kaum einen Fuß vor den anderen setzen konnte. Dann waren wir endlich wieder zu Hause. Ich bin aufs Bett gefallen, und Buddy ist auf mich draufgesprungen und hat sich an mich gekuschelt. Ich bin glücklich hier, und bestimmt träume ich gleich etwas Schönes, wenn ich schlafen gehe.

Tag 21

Erschreckende Nachrichten

Mein Leben ist schön hier, aber manchmal kommt doch die Trauer. Wie heute. Ich vermisse mein Zuhause, ich vermisse meine Freunde, ich vermisse meine Schule.

Heute hat mich Catherine an die Schule mitgenommen, wo sie Lehrerin ist. Nach und nach löste sich meine Trauer auf, und ich habe mich wieder in Irish Dancing versucht, zusammen mit den Mädchen dort. Der Unterricht machte Spaß, und in der Pause waren wir in einem grünen Innenhof. Ich merke, ich muss schnell mein Englisch verbessern! Ich wollte in der Bibliothek ein Buch lesen, aber das war mir dann doch zu schwer, ich konnte nicht viel verstehen, vor allem ohne Übersetzungs-App. Ich mache mir aber keine Sorgen, ich werde es schon lernen.

Ja, ich hatte einen wunderbaren Tag in Dublin. Aber in Charkiw und in der Oblast Donezk war der Tag furchtbar.

In der Nähe von meiner Schule stand heute früh noch ein großes Einkaufszentrum. Das steht nun nicht mehr. Es gibt Gerüchte, dass die russische Armee chemische Waffen[4] gegen die Überlebenden in der Stadt einsetzen will. Das wäre doch Völkermord! Und das berühmte Kloster in Swjatohirsk – ich hatte es erst letzten Sommer besucht. Es war wunderschön, und ich fühlte mich glücklich dort. So ruhig. Jetzt ist es bombardiert worden.

17. März 2022

Tag 22

Saint Patrick's Day

Heute kommen unsere Freunde, die Reporter von Channel 4, nach Dublin! Heute ist nämlich Saint Patrick's Day[5]. Ich freue mich so! Wir werden uns die Parade ansehen, und alle müssen etwas Grünes tragen.

Catherine und ich haben Muffins mit grünem Zuckerguss gebacken. Ich habe nur ein bisschen davon genascht, und meine Zähne wurden grün! Ich überlegte mir gerade, ob ich sie noch mal putzen soll oder es von allein weggeht, da klingelte es schon an der Tür. Das war peinlich!

Dann kam ich auf den Flur hinaus: Ja, es waren tatsächlich Paraic und sein Team! Wir umarmten uns. Ich hatte sie vermisst.

Bei der Parade haben die Reporter dann gleich losgefilmt. Ich habe mich durch die Menschenmenge gewuselt, um alles besser zu sehen. So viele Leute! Soldaten, Musiker, Akrobaten, alles Mögliche! Einige waren auch als Figuren aus der irischen Geschichte und Folklore verkleidet, aber Oma und ich wussten nicht, wen sie darstellten … Ich werde es noch lernen! Ich war ganz Auge und immer gespannt, wer als Nächstes um die Ecke kommen würde.

Dann haben wir ein junges Paar gesehen, das in ukrainische Flaggen gehüllt war, und die beiden angesprochen. Sie waren erst vor ein paar Tagen in Dublin angekom-

*Auf meiner ersten Parade zum Saint Patrick's Day
in Dublin habe ich viel Spaß.*

men. Ich fragte sie gleich: »Sind in eurer Stadt viele
Flugzeuge am Himmel? Knallt es sehr laut?«

Sie sagten: »Am allerersten Tag sind wir gerannt, und
Flugzeuge sind direkt über unseren Köpfen geflogen.
Dann sind wir durch fünf Länder gezogen, bis wir end-
lich in Dublin angekommen waren.«

Es war kein langes Gespräch, aber ich habe mich gleich an alles erinnert: an alles Schöne und alles Schlimme. Das machte mich sehr traurig. Tat richtig weh. Ich hatte Tränen in den Augen. Ich erinnerte mich daran, wie ich weinte und betete, dass uns keine Bombe trifft. Ich erinnere mich an all das Schöne in Charkiw, das es nicht mehr gibt.

Als ich ins Taxi stieg, um nach Hause zu fahren, liefen mir immer noch die Tränen übers Gesicht.

Tag 23

Erkundungstour durch den Zoo

Heute waren wir im Zoo! Ich war sehr gespannt auf diesen Ausflug.

Wir sind durch einen großen Park gefahren. So viel Grün! Am liebsten wäre ich sofort aus dem Auto gestiegen und auf der Wiese herumgelaufen. Der Park ist so groß, ich hätte ihn bestimmt den ganzen Tag erkunden können. Und der irische Präsident hat irgendwo in diesem Park ein Haus. Aber wir hatten ja andere Pläne – den Zoo. Und der war unglaublich!

Die Lemuren hüpften in den Bäumen herum, als ob sie nicht ahnten, dass sie in einem Zoo leben. Es gab sie in Rot, in Grau und in Schwarz. Der Tiger wollte uns wohl necken: hat sich hinter ein paar Bäumen versteckt, sodass wir warteten und bettelten – komm, Tiger, zeig dich doch mal! Die Löwen dösten ganz entspannt in der Sonne. Die Seelöwen steckten immer wieder die Köpfe aus dem Wasser und tauchten dann wieder ab. Ein halbes Dutzend Giraffen reckten die Hälse in die Höhe und knabberten an Blättern. Die Gorillas auf ihrer kleinen Insel führten ein angeregtes Gespräch. Auf dem Weg zum Elefantengehege hätten wir uns fast in einem Bambushain verlaufen. Und die Nashörner waren unglaublich riesig!

Die Landschaft im Zoo ist auch wunderschön. Kleine

Wasserfälle glitzern in der Sonne. Es gibt einen See und drum herum einen richtigen Mini-Dschungel mit Affen, die von Baum zu Baum springen. Eine Brücke führt über den See und auf die Insel. Am liebsten wäre ich übers Geländer geklettert und hätte mit den Affen auf ihrer Insel gespielt! Aber wahrscheinlich hätte ich nach dem Tag im Zoo eh nicht die Kraft dazu gehabt, selbst wenn es erlaubt wäre. Irgendwann war meine Batterie einfach leer. Und dabei hatten wir noch gar nicht alles gesehen! Aber was wir gesehen hatten, war toll.

Mit jedem Tag wird Dublin spannender!

Tag 25

Jeder Tag wiegt schwerer auf meiner Seele

Diese Seite in meinem Tagebuch möchte ich meinen Freunden und Verwandten widmen, die noch in der Ukraine sind. Wir haben mit Omas Freundin Marfa telefoniert: »Wie Charkiw aussieht, da tut's mir weh, davon zu reden«, sagt sie. Ein Wohnblock neben der Klinik steht gerade in Flammen.

Großmutters Freundin Angela hat uns ein Video vom Kindergarten in der Nähe unserer Wohnung geschickt. »Er wurde bombardiert. Ich hoffe, eure Wohnung hat davon nichts abbekommen.«

Das Mädchen von nebenan ist mit ihrer Mutter nach Deutschland geflohen. Omas Freundin Nelja ist mit ihrem Sohn in Polen. Meine anderen Großeltern sitzen immer noch im Keller am Prospekt Haharina in Charkiw. Meine Tante und mein Onkel sind in Poltawa in der Zentralukraine, zusammen mit meinem kleinen Cousin.

Dann hat Oma noch Motrona angerufen. Sie arbeitet in einem Beerdigungsinstitut und sie sagte: »Ich kann nicht reden. Wir stecken mitten in einem Trauerzug, und gerade hat ein Beschuss angefangen. Meine Mitarbeiter und ich, wir haben gerade Angst um unser Leben.«

Jetzt schreibe ich aber wieder über unser sorgloses Touristenleben hier. Heute waren wir in Malahide Castle und an einem schönen Strand.

Auf dem Weg dorthin schauten wir noch in einem Park vorbei. Der Himmel war blau und dabei irgendwie bunt, und die weißen Wolken lagen ganz ruhig und flach darüber, wie auf einem Bild. Der grüne Rasen war so

Die Irische See und ich

schön, dass ich unbedingt darauf herumlaufen wollte! Ich fühlte Freude. Es roch nach Freiheit.

Wir parkten das Auto und gingen durch einen hohen Kiefernwald zum Schloss. Einen Turm konnte ich noch aus der Ferne sehen, und ich dachte mir gleich: Sieht aus wie im Mittelalter! Dann bogen wir um eine Ecke, und vor uns erschien das Schloss in seiner ganzen Pracht. Es ist fast tausend Jahre alt und sieht immer noch toll aus. Aber Buddy war nicht besonders am Schloss interessiert, sondern wollte auf einer Lichtung rumrennen, also rannte ich mit, was das Zeug hielt. Ich hielt seine Leine fest. Er stolperte vor Begeisterung über die eigenen Pfoten. Dann ließ ich mich ins Gras fallen und schloss ihn in die Arme. Ich fühlte mich so frei.

Gary meinte, wir könnten noch zum Portmarnock Beach fahren. Das ist ein Strand, und er ist dort in der Nähe aufgewachsen.

Das Wasser war so himmelblau, und dazwischen waren schmale Sandbänke. Menschen liefen darüber wie über den Himmel.

Wir stiegen ein paar Stufen hinunter zum Wasser. Es war Ebbe. Kleine Wassertümpel waren in den Felsen zurückgeblieben, und darin spiegelte sich die Sonne. Es sah aus wie glitzerndes Eis.

Dann begann die Sonne unterzugehen, und der Himmel war unglaublich schön. Wellen schlugen gegen die Felsen. Vom Meer her wehte eine Brise. Ich hatte Lust auf ein Abenteuer und bin auf einen Felsen geklettert. Der war ziemlich glitschig. Als ich schon weit oben war, rief Oma, ich soll näher am Strand klettern, wenn ich denn klettern muss. Das war richtig schade! Aber gut.

Gleich würde ich runterkommen, aber erst mal wollte ich diesen wunderschönen Horizont in mich aufnehmen. Das blaue Wasser, den rosa-violetten Himmel. So schön! Aber Oma rief wieder, und ich kletterte schnell runter – und dann ist meine Uhr in einen dieser kleinen Tümpel gefallen! Ich dachte, bestimmt ist sie kaputt, aber als ich sie wieder rausholte, hörte ich ihr Ticktack. Und zusammen mit den letzten Sonnenstrahlen gab es mir irgendwie so ein Hoffnungsgefühl. Vielleicht ist das ein gutes Zeichen?

Und dann war die Hoffnung wieder weg: Wie jeden Abend haben wir vor dem Schlafengehen Nachrichten geguckt, über die Ukraine und Charkiw. Es wird immer noch geschossen, auch mit Grad-Raketen. Und dann spüre ich wieder die Verzweiflung in mir hochsteigen. Meine Verwandten stecken die ganze Zeit in diesem Keller. Es ist so schlimm. So schrecklich.

Tag 26

Weit, weit weg

Yeva
Wer ist denn noch in der Ukraine?
20:17

Jewhen
Ich
20:17

Filimon
Ich auch
20:17

Jewhen
An der Grenze
20:17

Filimon
Ich bin in Tschornobaj[6]
20:17

Yeva
Ich bin im Ausland
20:28

Yeva
Weit, weit weg vom Krieg
20:28

Filimon
Kommst du jemals zurück?
20:32

Yeva
Mir geht's gut hier
20:32

Filimon
Wo bist du?
20:33

Yeva
Weit, weit weg
20:33

147

Tag 28

Es zerreißt mir das Herz

Der Krieg geht nun schon seit einem Monat. Er hat so viel Leid über meine Freunde gebracht und meine Familie und alle. Wie viele Menschen hat dieser Krieg schon umgebracht, und wie viele bringt er noch um? Niemand weiß, was morgen passiert, oder in einer Stunde oder auch nur in einer Minute … Ich hoffe mit aller Kraft, dass nicht noch mehr Menschen aus eigener Erfahrung lernen, was Krieg ist.

Die Welt könnte ohne Kriege so schön sein. Nichts ist schlimmer als Krieg.

Jeden Tag zerreißt es mir das Herz, wenn ich sehe, was in meinem Heimatland und in meiner Heimatstadt passiert. Wer einen Krieg überlebt, wird nie wieder sein wie früher. Man kann wieder lernen, sich zu freuen und das Leben zu genießen, aber anders – immer mit dem Gedanken: »Heute ist ein Tag ohne Krieg.«

Man kann nicht vergessen, wie es ist, vom Heulen der Raketen und Knallen der Explosionen aufzuwachen. Und wie es ist, dafür zu beten, dass man verschont wird. Und beim Einschlafen zu denken: »Heute wurde dein Haus nicht von einer Rakete getroffen, aber diese Nacht vielleicht? Oder morgen?«

Jeden Tag wird mehr und mehr zerstört. Und diese

Fragen schwirren die ganze Zeit in meinem Kopf und hören einfach nicht auf: »Warum macht ihr das? Wer wird das alles wieder aufbauen? Wie lange wird das dauern? Warum habt ihr damit angefangen? Ist euch Krieg wirklich lieber als Frieden?«

Die russischen Flugzeuge kommen mit ihren Bomben, und ganze Städte werden ausgelöscht. So viele unschuldige Zivilisten sind getötet worden, so viele Kinder! Das tut unendlich weh.

Was von meinem Zuhause übrig ist. Ich fühle mich so traurig, wenn ich an Charkiw denke.

Tag 33

Dankbarkeit

Die Reporter, mit denen wir uns angefreundet hatten, müssen sich jetzt was Ernsterem widmen als mir. Das Team von Channel 4 News hat mir eine E-Mail geschickt, in der steht, dass wir in absehbarer Zeit nicht mehr von ihnen hören werden. Es gibt Zeiten, in denen sie sich auf Geschichten über bestimmte Leute konzentrieren, aber dann müssen sie wieder an anderen wichtigen Aufträgen arbeiten. Sie sind erleichtert, dass wir in Sicherheit sind. Sie schreiben, es ist schwer für sie, sich von Menschen zu verabschieden, die sie so lange begleitet haben. Als würden sie weiterziehen und uns zurücklassen. Aber so ist es überhaupt nicht. Sie werden uns nie vergessen, schreiben sie. Und natürlich werden auch wir sie nie vergessen! Ich hoffe, wir bleiben für immer Freunde … Ich habe zurückgeschrieben, auf Englisch:

Lieber Paraic und das gesamte Team von
Channel 4 News,
wunderbarere Menschen als euch hätten wir nicht
kennenlernen können. Ihr habt unser Leben verän-
dert. Ich weiß nicht, was passiert wäre, wenn wir
euch nicht getroffen hätten. Ihr habt uns vor dem
Krieg bewahrt und unser Leben gerettet! Das war

*eine große Tat. Nicht viele Menschen tun so was. Alle
Probleme, die wir jetzt noch haben, werden bestimmt gelöst, und alles wird gut. Und danke auch
für den Vorschlag, eine Literaturagentin für mich zu
suchen! Vielleicht klappt das ja wirklich, und mein
Tagebuch wird zu einem richtigen Buch. Das hätte
ich mir nie träumen lassen, bevor ich euch getroffen
habe. Ich glaube, dass wir für immer und ewig
Freunde bleiben werden (selbst wenn wir nicht oft in
Kontakt sind). Ich hoffe wirklich, dass wir uns eines
Tages wiedersehen.
Ich sende euch viele gute Wünsche. Danke ist ein zu
kleines Wort für alles, was ihr für uns getan habt.*

Yeva und Irina

Paraic hat Charkiw besucht und uns dieses Foto von einer Rakete geschickt, die ganz nah bei unserem Wohnblock in einem Krater steckt

Tag 34

Ich denke an Sotschi

Diese Reise war so besonders! Für ein paar Sekunden fühlte ich mich nach Sotschi versetzt. Ich habe Palmen gesehen, und sie wirkten hier in Irland so seltsam – ich hatte wirklich das Gefühl, jemand hätte ein Stück Sotschi hierhergebracht. Sotschi ist eine Stadt am Meer in Russland. Dort lebt meine Urgroßmutter. Früher habe ich ganze Sommer dort verbracht, habe im Meer geplanscht, aber der Krieg hat Russland und die Ukraine auseinandergerissen. Das ist so traurig. Es tut so weh zu wissen, dass dieser Krieg mich von meiner Familie getrennt hat. Ich möchte so sehr, dass das alles vorbei ist und zwischen Russland und der Ukraine Frieden herrscht. Ich will wieder meine Uroma besuchen können.

Ein kurviger Weg führte uns ganz nach oben zum Howth Summit, einem Aussichtspunkt an der Irischen See. Wir stiegen aus dem Auto, und da unten lag es vor uns – das Meer! Dann ging ein Pfad nach unten, und am äußersten Rand der Küste stand ein Leuchtturm. Drum herum waren Klippen, und die Brandung schäumte. Die Wellen jagten einander und schlugen gegen die Felsen. Und der Leuchtturm stand da und wachte ruhig über die Schiffe. Die Schiffe glitten vorbei, eins nach dem anderen. Das Wetter war fantastisch, keine einzige Wolke am

Himmel. Wenn man von hier aus ein Boot nimmt, könnte man bis nach Wales fahren. Wir standen am Ufer, und das Meer hatte kein Ende. Ein grenzenloser Horizont. Ich setzte mich auf einen großen sonnenwarmen Stein und schaute hinaus. Und ich wurde traurig ...

Tag 37

Der erste Schultag

Heute war mein erster Tag an einer irischen Schule. Ich war so aufgeregt! Gleich nach dem Aufwachen habe ich meine neue blau-grüne Schuluniform angezogen. Wir stiegen ins Auto und fuhren quer durch Dublin. Es war viel Verkehr, aber ich fand es irgendwie schön, vor allem die Brücken. So viele kleine Autos, die friedlich ihrer Arbeit nachgehen – wie Bienen in einem Bienenstock. Die Sonne scheint, warum also im Bett bleiben! Die Stadt erwachte zum Leben.

Der Unterricht beginnt um 8:30 Uhr. Puh! Pünktlich geschafft. Alle in meiner neuen Klasse grüßten mich und waren super freundlich. Ich machte mit, so gut ich nur konnte, dabei brauchte ich aber ständig die Übersetzungs-App. Ich muss mich auf einen neuen Lehrplan umstellen und auf eine neue Sprache dazu. Es ist eine reine Mädchenschule, und ich glaube, ich habe schon ein paar Freundinnen gefunden. Das war alles sehr aufregend: der Unterricht auf Englisch, neue Lehrerinnen und Lehrer, grüne Tennisplätze … An der Schule hier gibt es ein Klavier, und ich darf darauf spielen. Eine riesige Bücherei gibt's auch. Und das Schulgelände ist total schön.

Meine neue Klasse und alle hier sind sehr nett, aber ich

*In meiner neuen irischen Schuluniform
an meinem ersten Schultag in Dublin*

vermisste meine alten Freunde! Der Krieg hat uns alle über den Globus verstreut.

***

Jeden Tag fliehen Menschen aus Charkiw. Omas Freundin Marfa jetzt auch. Seit Kriegsbeginn mussten sie und ihre Familie immer wieder von einem Keller zum anderen. Wie der Zinnsoldat aus dem Märchen[7] hielten sie durch, solange es nur ging. Sie wollten ihr Zuhause nicht verlassen. Jeden Tag hofften sie, alles würde bald vorbei sein. Aber dann hat sich alles verändert. Eine Rakete ist ganz in der Nähe von ihrem Keller eingeschlagen. Sie hat ein Kind getötet, und in der ganzen Nachbarschaft lagen überall tote Menschen. Da wussten sie, dass sie fliehen müssen. Jetzt suchen sie nach Freiwilligen, die ihnen helfen, ihre große Familie – es sind sieben Leute – aus Charkiw nach Dnipro zu bringen.

***

Ich kann das Wort »Flüchtling« nicht ausstehen. Ich fand es von Anfang an schrecklich. Irgendwann fing Oma an, uns Flüchtlinge zu nennen, und ich habe sie sofort gebeten, das nicht zu tun. Innerlich schämte ich mich für dieses Wort. Ich verstehe erst jetzt, warum. Ich schäme mich, zuzugeben, dass ich kein Zuhause habe. Seit wir aus unserer Wohnung in den Keller gezogen sind, kann ich diesen Gedanken nicht ertragen.

Ich denke immer wieder an dieses ganze Weglaufen. Erst aus unserer Wohnung in den Keller, damit uns keine Rakete tötet. Dann zu Omas Freundin in einem anderen Viertel, als die Panzer zwischen den Häusern standen. Aber auch dort fielen Bomben aus russischen Flugzeugen, also flohen wir nach Dnipro. Dort war es auch nicht ruhig, die Sirenen heulten, wir hörten Explosionen aus der Ferne, und sie konnten jederzeit näher kommen. Also mussten wir wieder fliehen, ganz ans Ende der Ukraine, nach Uschhorod. Dort konnten wir erst in einer Turnhalle schlafen, dann ging aber die Schulzeit wieder los. Wir mussten da raus, und zum Mieten gab es nichts zu finden. Also ging es nach Budapest, in diese gemütliche Wohnung von Attila, der so herzlich zu uns war. Aber bis Samstag mussten wir auch da weg. Endlich konnten wir dank der wunderbaren Journalisten von Channel 4 nach Dublin, zu Catherine und Gary. Bei ihnen fühlen wir uns sehr willkommen, sie kümmern sich so liebevoll um uns! Wir haben neue Freunde gefunden. Aber ich habe tief in mir trotzdem keine Ruhe, wir können ja nicht ewig bei anderen Menschen wohnen. Bald müssen wir uns eine andere Bleibe suchen. Und wieder dieses rastlose Gefühl in mir.

Ich träume davon, eines Tages wieder ein Zuhause zu haben.

Tag 61

Unsere Wohnung in Charkiw

Langsam gewöhnen wir uns an unsere neue Lage. Nach fast zwei Monaten Krieg! Seit zwei Monaten steht unsere Wohnung nun schon so da, bombardiert, mit zerbrochenen Fenstern und gesprengten Türen. Die haben nicht mal für Ostern mit dem Schießen aufgehört![8] Haben die denn gar kein Gewissen?

Irgendwann dachten Oma und ich an die Sachen, die bei uns in der Wohnung in Charkiw stehen. Sie suchte dann jemand, der sich in unsere Gegend traut – Nord-Saltiwka ist ja gefährlich – und unsere Sachen in Sicherheit bringt.

Schließlich hatte sie dann die Nummer von einem Mann namens Trofim. Er sagte, er würde alles abholen, was wir wollten, sogar den Kronleuchter, kein Problem. Er hätte schon ganze Geschäfte ausgeräumt, und Autos und Wohnungen sowieso. Wir brauchten ihm nur zu sagen, wo er die Sachen abholen soll und wohin damit, und wenn die gerade nicht zu stark bomben, würde er das machen.

Was ich am meisten vermisse, sind meine Ölfarben (ein Neujahrsgeschenk von Opa), ein paar Lieblingsklamotten und vor allem meine wunderschöne würstchenlange schweinchenrosa weißbäuchige Plüschkatze Tschupapelja!

Die schreckliche Zerstörung in unserer Wohnung. Das ist der Flur. Man kann Omas teuren deutschen Kühlschrank auf dem Boden sehen. Monate später kam Trofim in unsere Wohnung zurück und entdeckte dort unter dem Kühlschrank nicht explodierte Munition. Da rannte er um sein Leben! Gott sei Dank ist ihm nichts passiert.

Das ist von der Diele übrig

Oma machte eine Liste mit den ganzen Dingen, die sie aus der Wohnung gerettet haben wollte und wo sie zu finden waren. Meine Ölfarben hat sie aufgeschrieben, aber Tschupapeljalein nicht. Sie sagte, die Plüschi würde schon selbst zurechtkommen. Ich war total traurig darüber. Insgeheim hoffte ich, der Mann würde sie sehen und von alleine draufkommen, sie zu retten. Oma machte aus, dass er morgen früh unsere Sachen abholt und zu einer Freundin von ihr bringt.

In der Zwischenzeit hat er schon mal andere Sachen für uns erledigt, und zwar das Auto dieser Freundin gecheckt – ob es noch heil war und nicht gestohlen wurde – und bei ihr und bei uns in den Wohnungen vorbeigeschaut und nachgesehen, dort die Lage ist.

Das Auto von der Freundin stand noch, wo sie es verlassen hatte. Die Fenster waren kaputt (wohl durch eine Druckwelle), und die Türen und der Kofferraum hatten ein bisschen was abbekommen. Aber die Vorderseite und die Motorhaube waren in Ordnung, das Auto hätte gleich losfahren können. Na ja, wenn nicht jemand die Batterie gestohlen hätte.

Morgen um 6:30 Uhr nach ukrainischer Zeit kommt Trofim zu uns in die Wohnung. Ich habe Omas Wecker auf 4:30 Uhr gestellt, und wir sind beide ins Bett gegangen.

Tag 67

Tschupapelja ist in Sicherheit!

Trofim ist jetzt in unserer Wohnung und schickt Fotos. Es tut weh, sie in diesem Zustand zu sehen – selbst nur ein Foto auf dem Handybildschirm. Er hat die Tür aufgekriegt, oder vielleicht soll ich »entsiegelt« sagen. Der Flur war unter Trümmern begraben – aber das wussten wir ja schon. Auf dem Boden lag unser schöner deutscher Kühlschrank, und die Wand war eingestürzt. Der Kleiderschrank an der Tür zerfetzt, überall Klamotten. Die Fenster im Schlafzimmer zerbrochen, die Blumentöpfe von der Fensterbank runtergefallen. Aber auf dem Bett liegt meine Tschupapelja und sieht rosa und kuschelig aus wie eh und je! Durch ein Wunder hat sie überlebt! Der Fernseher im Wohnzimmer kaputt, das Sofa auch. Aber der Sessel okay, obwohl er direkt an der Tür zum Flur steht. Das Wohnzimmer mit einer dicken Staubschicht bedeckt.

Später machte ich mich dann für die Schule fertig, als Oma mir eine gute Nachricht brachte. Trofim hatte unsere Sachen abgeholt, sogar den zwei Meter großen Kronleuchter aus dem Flur, und alles zu Omas Freundin Motrona gebracht. Auch meine Ölfarben – und vor allem Tschupapelja! Meine Plüschi ist jetzt in Sicherheit!

Was habe ich mich gefreut! Eine Million Dank! Eine solche Last vom Herzen!

Tag 67

Wir mieten uns ein Häuschen!

Wir werden vielleicht ein richtiges Haus mieten! Es ist ein kleines Häuschen in der Nähe meiner neuen Schule in South Dublin County. Auch wenn wir es nur mieten, könnte es ein richtiges Zuhause werden!

Wir haben es uns angeschaut. Zwei nette Frauen, Linda und Juliette, haben uns herumgeführt. Das Haus ist gemütlich und hat sogar einen Garten. Überall wachsen Blumen. Und das Schönste ist, es ist nur fünf Minuten zu Fuß von meiner neuen Schule entfernt!

Wir haben eine Datscha in Wowtschansk, einem Vorort von Charkiw – es ist ein großes, schönes Haus. Viele Obstbäume und viele Blumen. So schön zum Barfußlaufen! In der Nähe gibt es einen Fluss – Siwerskyj Donez. Zwischen den weißen Seerosen zu schwimmen war schon etwas Besonderes. Abends saßen Oma und ich dann am großen Kamin und tranken Tee. Im Herbst ging ich in den hohen Kiefern- und Eichenwäldern spazieren. Dabei habe ich immer viele Pilze gefunden – Butterpilze, Steinpilze, Pfifferlinge, alles Mögliche.

Das war so schön. Jetzt ist der Ort von Russland besetzt. Das ist traurig.

Wir sind sehr dankbar, dass uns diese Menschen hier das Häuschen mieten lassen.

Nachwort

Ein Tagebuch-Heft ist jetzt voll. Ich weiß nicht, wie viele Tage, Monate oder Jahre dieser Krieg noch dauert. Wie viele Menschen noch sterben und leiden und ihr Zuhause und ihre Liebsten verlieren. Die Menschen in Charkiw leiden unaufhörlich. Ich weiß nicht, wie sie die Kraft finden, weiterzumachen. Seit dieser Krieg begonnen hat, habe ich gelernt, mein Leben wirklich zu schätzen.

Ich träume oft vom ersten Kriegstag. In meinem Traum ist es immer so, dass ich bald in ein sicheres Land fahre, und ich weine und sage einer Freundin, dass wir uns nie wiedersehen werden.

In einem einzigen schrecklichen Augenblick hat sich das Leben auf den Kopf gestellt und eine völlig andere Richtung eingeschlagen. Vor dem Krieg hatte ich meine kleinen Sorgen, aber jetzt weiß ich, wie glücklich ich war. Ich weiß noch, wie ich zur Schule rannte, um nicht zu spät zu kommen, wie ich hübsch aussehen wollte, damit sogar die Jungs aus den älteren Klassen mich beachten. Alles war ganz normal. Wenn ich mal erschöpft war, dann vom Bowling auf meiner Geburtstagsparty – und nicht, weil ich immer wieder in den Keller rennen muss und weil die Angst mich von innen auffrisst.

Vielleicht sehe ich meine Schulfreunde und meine Verwandten ja eines Tages wieder. Vielleicht erst in vielen Jahren. Jetzt schlage ich erst mal ein neues Kapitel auf, schließe neue Freundschaften, lebe mich in meine neue Welt ein. Ich hoffe, alles wird irgendwie gut – aber das kann nur ein Wunder Gottes machen.

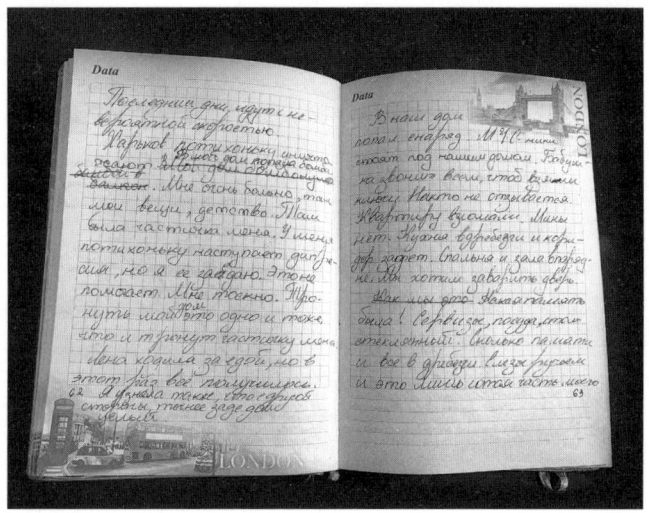

Die Geschichten meiner Freunde

Als der Krieg begann, mussten meine Freunde und ich getrennte Wege gehen. Wir haben alle Schlimmes erlebt, jede und jeder für sich, und dabei hatten wir gerade in diesem Moment Freunde so nötig! Zum Glück konnten wir uns zumindest schreiben und telefonieren. Einige sind gleich am ersten Tag aus der Stadt geflohen, andere hielten ganz lange dort durch, und wieder andere sind heute noch in Charkiw. Ich habe einige von ihnen gebeten, zu erzählen, was sie erlebt haben, und dabei auch ihre Hoffnungen und Träume für die Zukunft zu teilen.

24. Februar 2022, 4:50 Uhr morgens. Das Datum und die Uhrzeit vergesse ich nie. Und auch nicht den erschrockenen Blick meiner Mutter und ihre verwirrte Stimme. Sie wiederholte die ganze Zeit: »Wacht auf, Kinder. Zieht euch an, schnell jetzt, kommt schon …«

Die erste Explosion habe ich nicht gehört, aber die danach konnte ich nicht nur hören, sondern mit dem ganzen Körper spüren.

Statt morgens um acht Uhr zur Schule zu gehen, rannte ich mit meiner Mutter in den Keller im Kindergarten, wo sie arbeitet.

Und in diesem Keller haben wir dann die nächsten dreizehn Tage verbracht.

In den ersten drei Tagen waren wir siebzig Leute: Erwachsene, Kinder, alte Menschen. Einige waren so schwach und zerbrechlich, dass sie nicht allein aufstehen konnten. Außerdem waren dort drei Hunde und eine Katze namens Businka, »Glasperle«. Wenn es schweren Beschuss oder laute Explosionen gab, versteckten sich die Hunde und die Katze zusammen unter einem Stapel Decken.

Erst sind wir jeden Morgen ganz früh aufgestanden und nach Hause gerannt, um uns zu waschen und etwas zu kochen. Und auch einfach, um wenigstens ein bisschen zu Hause zu sein. Im Keller habe ich das Zuhause jede Sekunde vermisst.

Aber dann konnten wir nicht mehr nach Hause. Es war zu gefährlich. Im Keller gab es keinen Strom mehr, und es wurde sehr kalt. Nach und nach wurden wir weniger. Wer irgendwo anders hinkonnte, ist gegangen.

Dann wurde es richtig unheimlich. Eine Rakete schlug ganz in der Nähe ein. Bis dahin waren die Explosionen weit weg. Aber jetzt sind unsere Fenster rausgeflogen. Ab da brannte jeden Tag eine andere Wohnung in der Nähe ab, und jeden Tag waren immer weniger von uns im Keller. Viele gingen weg, weil ihre Wohnungen eh zerstört waren, also warum noch in Charkiw bleiben. Und anderen wurde es im Keller zu kalt, vor allem die kleinen Kinder wurden öfter krank.

Morgens gingen Mama, Papa und Opa in den Laden und versuchten, irgendwas zum Essen zu kaufen. Wir streuten etwas Zucker auf ein Stück Brot und taten so, als würden wir ein Stück »Torte Kyiv«[1] essen.

Wir schliefen angezogen auf Matratzen, die eigentlich für den Mittagsschlaf der Kita-Kinder sind. Wir hatten alle unsere Klamotten an, aber es war trotzdem sehr, sehr kalt. Wir trauten uns kaum aus dem Keller. Wir wollten so gerne an die frische Luft, aber jederzeit konnte wieder ein Beschuss anfangen. Dann musste man sich zu Boden werfen. Die Wände des Kindergartens sind inzwischen voller Splitterspuren.

Am dreizehnten Tag wurde der Kindergarten von einer Rakete getroffen.

Dann waren nur noch neunzehn von uns im Keller – zwölf Erwachsene, fünf Kinder und zwei sehr alte Männer, acht- und neunundneunzig Jahre alt, die nicht mehr laufen konnten. Wir hatten überlebt. Jetzt mussten wir da aber raus. Es war sehr schwer, jemand zu finden, der uns da wegbringen würde – die meisten Menschen hatten Angst, es zu versuchen, weil die Gegend unter ständigem Beschuss war. Dann fand Papa aber doch Freiwillige, die uns helfen wollten. Erst sind wir in Richtung Stadtzentrum gefahren, aber auch dort sind bald Bomben gefallen. Am Ende, dreiundvierzig Tage nach Kriegsbeginn, sind wir in die Westukraine geflohen: also meine Mutter, mein Bruder und ich.

Einige meiner liebsten Menschen – Papa, Oma und Opa – sind immer noch in Charkiw. Ich vermisse sie furchtbar und liebe sie sehr.

Mein größter Wunsch ist Frieden!

Olhas Geschichte

Der 23. Februar war ein ganz normaler Tag. Ich war von der Schule nach Hause gekommen, hatte meine Hausaufgaben gemacht, mit Freunden gechattet und mit meiner Katze gespielt. Gegen Abend bekam ich Ohrenschmerzen. Mama sagte, wenn die Schmerzen bis zum Morgen nicht verschwinden, brauche ich nicht zur Schule zu gehen. Aber am Ende hatte mein Ohr nichts damit zu tun, dass ich am nächsten Tag nicht in die Schule ging.

Um fünf Uhr morgens am 24. Februar wurde ich von einer schrecklichen Explosion geweckt. Ich dachte erst, es wäre ein Erdbeben. Ich hatte furchtbare Angst, und ich konnte sehen, dass es meinen Eltern genauso ging. Ich fragte sie, was los wäre – und sie sagten, der Krieg hat begonnen … Ich konnte es nicht fassen. Meine Katze Busja schmiegte sich an mich, als wollte sie mich trösten, obwohl die Explosionen auch sie erschreckt haben müssen. Wir haben ganz schnell Sachen gepackt und Wasserflaschen gefüllt. In Panik fing ich an, alles von meinem

Tisch in eine Tüte zu fegen, obwohl ich wusste, dass wir nicht viel mitnehmen konnten.

Die Explosionen wurden immer schlimmer. Wir hatten so viel Angst, als wir die Treppe runterliefen! Im Erdgeschoss knallte es nicht so laut, und es fühlte sich sicherer an. Ich versuchte, mich abzulenken. Wenn ich auf meinem Handy spielte, war ich ein bisschen wie hinter einem Schutzschild. Aber die Explosionen waren ohrenbetäubend. Weghören ging einfach nicht. Wir hatten alle furchtbare Angst, aber wir versuchten, uns gegenseitig aufzumuntern.

Die Anrufe und Nachrichten von Freunden und Verwandten waren auch eine gute Ablenkung. Wir waren fast den ganzen Tag in der Eingangshalle im Erdgeschoss von unserem Gebäude. Wenn es ruhiger wurde, liefen wir kurz in unsere Wohnung, um einen Happen zu essen oder etwas mitzunehmen, das wir brauchten. Am nächsten Tag waren wir einkaufen und mussten drei Stunden lang Schlange stehen. Wir füllten einen Korb mit Lebensmitteln, aber dann begann wieder der Beschuss. Das Licht ging aus, und wir rannten alle in den Ladenkeller. Als es wieder ruhig wurde, rannten wir zurück nach Hause. Der Laden hatte seitdem nicht mehr auf.

Mit jedem Tag wurde die Angst größer. Wir liefen nicht mehr so oft in unsere Wohnung hoch. Wir trauten uns nicht. Sechs Tage waren wir unter ständigem Beschuss, die Explosionen kamen immer wieder, ganz in der Nähe. Besonders schlimm waren Flugzeuge, die direkt über uns abdrehten. Das hört man ganz klar. Ich wusste nicht, dass man so viel Angst haben kann. Irgendwann konnten wir es nicht ertragen, noch eine Nacht in der

Halle zu verbringen, und haben stattdessen unten auf dem Flur geschlafen. Am Morgen haben wir dann unsere Sachen zusammengepackt und natürlich auch meine geliebte Katze mitgenommen. Dann haben wir die Stadt verlassen.

Am nächsten Tag landete eine Bombe mitten in unserem Wohnblock.

Wir träumen immer noch davon, eines Tages nach Hause zurückzukehren.

Kostjas Geschichte

24. Februar – ich werde mich mein Leben lang an diesen Tag erinnern! An meinen letzten Tag zu Hause. Den Tag, an dem der Krieg begann.

Ich wurde von Explosionen geweckt. Eine, zwei … Dann eine dritte … Meine Eltern sind aufgewacht und konnten nicht verstehen, was passiert war. Dann schauten wir aus dem Fenster, und alles war in Flammen – der Himmel und die Gebäude an der Ringstraße. Da wurde uns klar, dass das Schlimmste eingetroffen war: Krieg!

Meine kleine Schwester Tanja weinte, und meine Mutter versuchte, sie zu trösten. Ich hatte so viel Angst! Wir waren alle von der Angst ganz benommen! Als wir angezogen waren, versuchten meine Eltern zu entscheiden, was wir nun tun sollten. Wohin mit uns? Ich wollte einfach nur so weit wie möglich weg von den Explosionen!

Wir sind ins Zentrum von Charkiw gefahren. Meine Tante arbeitet dort in einer Schule. Das ist ein schönes, großes, altes Gebäude. Im Schulkeller waren viele Menschen. Alle erschreckt und verwirrt. Niemand wusste, was zu tun war und was als Nächstes passieren würde. Die Erwachsenen haben aus der Turnhalle eine Art Kinderzimmer gemacht. Sie haben Matten auf den Boden geworfen, auf denen wir sitzen und schlafen konnten; den Boden hatten sie zuerst gesäubert, aber er war trotzdem ziemlich schmutzig und staubig. Später am Abend kamen noch mehr Leute aus den Nachbargebäuden dazu. Viele brachten Haustiere mit. Jetzt hatten wir Hunde, Katzen und sogar einen Hamster. Praktisch einen ganzen Zoo!

Die Erwachsenen haben auf Bänken und Stühlen im Keller geschlafen, und die Kinder in der Turnhalle. Wir fühlten uns dort einigermaßen sicher. Aber trotzdem konnten wir die Explosionen hören, manchmal so laut, als ob es direkt bei mir im Kopf knallen würde.

Nach und nach lernte ich zu erkennen, ob eine Explosion nah war oder weiter weg. Am sechsten Tag hörten wir Flugzeuge und kriegten richtig Angst. Das Grauen um uns herum wurde immer schlimmer. Wir hatten das Gefühl, es ist alles hoffnungslos.

Wer den »Kinderbunker« in der Turnhalle verließ, um auf die Toilette oder in die Kantine zu gehen, wurde immer von Mama oder Papa begleitet.

Die Eltern taten ihr Bestes, um uns aufzuheitern, dachten sich verschiedene Spiele aus und alles Mögliche. Ich habe zum Beispiel Origami gelernt. Aber trotz aller Bemühungen haben vor allem die kleineren Kinder oft geweint – sie hatten Angst, dass es wieder BUMMM! macht. Wir haben dann alle versucht, sie zu beruhigen. Wir lebten wie eine große Familie, auch wenn einige von uns sich vor dem Krieg nie gesehen hatten. Wir haben uns alle gegenseitig geholfen.

Elf Tage haben wir im Schulkeller verbracht. Dann fuhren wir – meine Eltern, meine Oma und mein Kater Gilbert – aus der Stadt. Es war so ein Schock, aus dem Autofenster die zerstörten Gebäude zu sehen. Das sieht man ja alles nicht, wenn man im Keller sitzt! Und dann waren da diese vielen, vielen Autos auf dem Weg aus der Stadt raus. In einem davon entdeckten wir Freunde von uns, und wir konnten sogar für ein paar Minuten im Stau nebeneinander fahren und reden. Meine Mutter hat geweint, und ihre Freundin im anderen Auto auch …

Im Moment bin ich in der Zentralukraine, wo es mehr oder weniger sicher ist. Aber jeden Tag schreckt uns der Luftangriffsalarm auf. Manche Leute sagen, man gewöhnt sich an alles. Nein! Daran kann man sich nicht gewöhnen!

Ich will nach Hause, nach Charkiw! Ich will in ein friedliches Charkiw, wo ich draußen mit meinen Freunden spielen kann, ohne mich ständig vor Sirenen und Explosionen verstecken zu müssen! Ich will zurück in die Schule und meine Lehrer wiedersehen!

Aber vor allem will ich wieder, dass meine Eltern ein echtes Lächeln lächeln.

Alenas Geschichte

Am Morgen des 24. Februar weckte mich ein lauter Knall. Ich dachte gleich, es klingt wie eine Explosion. Ich bin aus dem Bett gesprungen und ins Schlafzimmer zu den Eltern gerannt. Sie waren auch wach. Mir sagten sie erst mal nichts außer: »Es wird alles gut, Schatz!«

Ich habe gesehen, wie Mama eilig einen Koffer packte und Papa aus der Wohnung rannte. Er sagte, er muss zur nächsten Tankstelle.

Das Telefon klingelte. Es war mein Bruder. Er fragte, wohin wir fahren. Die Eltern hatten es inzwischen beschlossen: zu meiner Oma. Bevor wir die Wohnung verließen, schnappte ich mir noch meinen Teddy. Draußen in der Straße standen ganz viele Menschen, viele weinten, und einige schrien. Das hat mich auch erschreckt.

Aber meine Familie versuchte, ruhig zu bleiben, und dann ging es mir schon besser.

Wir sind eine große Familie, also brauchten wir zwei Autos. Die Straßen waren so voll, man kam gar nicht durch. Aber Papa kannte eine Abkürzung. Ich saß im Auto und dachte: Vielleicht komme ich nie wieder nach Hause! Vielleicht sehe ich meine Freunde nie wieder!

Endlich waren wir bei Oma angekommen! Es fühlte sich an wie eine Ewigkeit, obwohl es nur zehn Minuten Fahrt waren. Die Männer machten sich daran, den Keller in Ordnung zu bringen, und Mama fuhr zusammen mit meiner Tante zum Laden, um Essen zu besorgen. Ich dachte, jetzt wird alles gut, aber dann hörte ich das Telefon klingeln. Es war für meinen Onkel. Er ist von Beruf Grenzsoldat. Und er sagte, er würde in den Krieg ziehen!

Meine Tante jammerte, und mein großer Bruder – er war gerade mit seinem Militärdienst fertig[2] – nahm meinen Onkel beiseite und sagte, dass er mitkommen würde. Mein Onkel sagte aber, er soll lieber bleiben und die Familie beschützen. Und dann musste er sich auch schon verabschieden. Er musste sofort los. Ich sah meinen Bruder an. Ihm liefen die Tränen übers Gesicht. Ich kannte ihn immer nur groß und stark und ziemlich dickhäutig. Und jetzt heulte er wie ein kleines Kind! Ich weinte auch. Dann kam mein Onkel auf mich zu. Er umarmte mich und sagte, er kommt auf jeden Fall zurück. Und dann ging er. Er schloss die Tür hinter sich, und der Raum fühlte sich auf einmal sehr leer an.

Später hörten wir noch eine Serie von Explosionen. Alle schnappten sich ihre Sachen und rannten in den Keller. Dann saßen wir ganz still da und hörten zu, wie die Raketen über das Haus flogen.

Ich kuschelte mich an meinen Teddy und betete im Stillen. Hoffentlich würde Gott uns helfen. Mein Bruder und Papa gingen von Zeit zu Zeit raus und schauten nach, was los war. Meine Tante versuchte immer wieder, meinen Onkel zu erreichen, aber er nahm nicht ab. Den ganzen Tag verbrachten wir im Keller, bis die Explosionen endlich aufhörten. Dann gingen wir zurück ins Haus, wir haben etwas gegessen und sind ins Bett.

Am Morgen wachte ich auf und dachte ganz kurz, vielleicht war das alles nur ein böser Traum. Aber dann hörte ich meinen Bruder rufen, dass es gerade wieder Explosionen gab. Und so ging es ständig weiter. Bis zum schrecklichsten Tag meines Lebens.

Der Morgen begann wie immer. Wir frühstückten, und gegen neun Uhr hörten wir die ersten Explosionen und rannten in den Keller.

Da waren wir also wieder, meine ganze Familie und mein geliebter Teddy, alle zusammen. Dann gingen Papa und mein Bruder raus – ich hatte gehofft, sie schauen sich um und beschließen, dass wir wieder ins Haus können. Dort hatte ich nämlich mein Harry-Potter-Buch liegen gelassen. Aber dann hörte ich Schüsse und eine Männerstimme. Sie befahl jemandem, sich zu ergeben. Die Stimme sagte, man hätte dafür nur eine Minute Zeit. Mein Bruder und mein Papa rannten zurück und riefen, alle sollen den Kopf senken und den Mund offen halten.[3] Und dann kam schon der ganz laute Knall. Da wurde die Schule, auf die Papa als Kind gegangen ist, in die Luft gesprengt. Die Schule hatte den Zweiten Weltkrieg überlebt, aber nicht den 26. Februar 2022.

Nach einer Weile hatten sich die Explosionen gelegt. Mein Bruder und mein Papa gingen wieder raus, aber der Rest von uns musste drinnenbleiben. Die Luft roch nach Rauch. Als ich endlich rausdurfte, war es wie die Hölle: Alles um uns herum war rot und mit Asche bedeckt. Die Schule brannte. Das war der schlimmste Tag in meinem Leben.

Die anderen Tage waren auch nicht viel besser. Immer nur schlechte Nachrichten und Explosionen. Aber ich habe nicht den Mut verloren, ich hatte ja auch meinen Teddy bei mir.

Irgendwann haben Papa und mein Bruder beschlossen, dass wir Charkiw verlassen würden. Sie wussten nur nicht, wohin. Dann hörte ich wieder das Telefon – es war mein Onkel, und er war gesund und munter! Nachdem Papa und mein Bruder mit ihm gesprochen hatten, sagten sie, wir sollten unsere Sachen holen. Man würde uns erwarten. Es war schon spät, etwa vier Uhr nachmittags, bald würde die Ausgangssperre beginnen. Aber mein

Bruder bestand darauf, dass wir sofort ins Auto steigen und losfahren.

Ich hatte Angst, Omas Haus zu verlassen, aber das war noch nicht das Schlimmste. Die Explosionen hatten die Windschutzscheibe von unserem Auto zerstört, und es schneite, als wir unterwegs waren, und dann regnete es in Strömen. Wir hatten Angst, wir würden es nicht schaffen!

Ich glaube, meine Gebete haben uns geholfen. Wir sind in einem Dorf außerhalb der Stadt angekommen. Dort lebt ein Freund von meinem Onkel. In seinem winzigen Haus waren über zwanzig Leute untergebracht. Wir wurden zu Borschtsch[4] und Piroggen[5] eingeladen. Die Nacht war ruhig, und zum ersten Mal seit vielen Tagen konnte ich durchschlafen.

Am nächsten Morgen fuhren wir weiter, nach Dnipro. Dort haben uns Papas Freunde empfangen. Sie gaben uns zu essen und haben eine Unterkunft für uns gefunden. Jetzt wohnen wir direkt neben ihnen.

Ich möchte so gerne nach Hause und meine Freunde sehen! Und vor allem will ich wieder meinen Onkel umarmen! Ich bin ein Kind aus der Ukraine, mein Name ist Alena, ich bin zwölf Jahre alt und alles, was ich will, ist Frieden und wieder zu Hause sein!

Mein Schlusswort

Erst jetzt, wenn ich die Geschichten meiner Freunde lese, verstehe ich wirklich, was sie durchgemacht haben – und immer noch durchmachen. Der Krieg hat uns alle getroffen, unser Leben umgekrempelt. Und keine zwei Erfahrungen sind genau gleich. Meine Freundinnen und Freunde hatten ihre eigenen schlimmen Kriegserlebnisse. Jeden Tag zu sehen, wie Häuser in deiner Nachbarschaft niederbrennen – kurz an die frische Luft zu gehen und unter Beschuss zu geraten – zusammengepfercht in einem kalten Keller oder einer Turnhalle zu schlafen – ich lese das alles immer wieder, und sie tun mir alle furchtbar leid.

Vieles haben unsere Geschichten auch gemeinsam. Wir konnten alle erst nicht glauben, dass wirklich Krieg ist. Es war alles so fremd: der Krach und Schrecken von den Explosionen, den Bomben, die auf Häuser und Schulen fallen. Es tat so weh, dieses Chaos um uns herum zu sehen. Die Tränen, der Kummer, die Panik, die Angst. Und dann, was Alena erlebt hat – wie schlimm muss es sein, einen geliebten Menschen in den Krieg ziehen zu sehen! Ob er jemals wie versprochen zurückkehrt?

Meine Freunde und ich waren so dankbar für alles Vertraute – dankbar, unsere Familie um uns zu haben, unsere Haustiere. Kleine Dinge wie eine Scheibe Brot mit Zucker oder ein Kuscheltier gaben uns Halt. Aber der Krieg war trotzdem immer ganz nah.

Ich vermisse meine Freunde sehr. Ich hoffe, wir sehen uns alle eines Tages wieder, und ich wünsche ihnen von ganzem Herzen, dass ihre Träume in Erfüllung gehen.

Wir sind Kinder. Und wir haben ein Recht auf ein Leben in Frieden!

Anmerkungen

Eine allgemeine Anmerkung
zu Yevas Tagebuch

Yeva spricht Russisch und Ukrainisch, wie es üblich ist für Ukrainerinnen und Ukrainer, die nahe der russischen Grenze leben. Sie schreibt ihr Tagebuch auf Russisch. Yevas Zeitangaben beziehen sich manchmal auf das Ereignis und manchmal auf den Moment des Schreibens. Alle Ereignisse sind so erzählt, wie Yeva sie erlebt hat.

Davor

1 Charkiw, wo Yeva herkommt, ist die zweitgrößte Stadt der Ukraine. Sie liegt im Nordosten des Landes und hatte 2021 eine Bevölkerung von fast 1,5 Millionen. Charkiw ist ein bedeutendes kulturelles und industrielles Zentrum der Ukraine.

2 Der Freiheitsplatz ist der größte städtische Platz in der Ukraine und war Schauplatz vieler großer Events wie Konzerte oder Messen. Das Derschprom ist ein im Stile des Konstruktivismus erbautes Hochhaus an einem Ende des Freiheitsplatzes. 1928 erbaut, ist es als der erste sowjetische Wolkenkratzer bekannt.

Der Krieg

1 Sumy ist eine Stadt im Nordosten der Ukraine nahe der russischen Grenze. Der Kampf um Sumy begann am 24. Februar 2022. Die russische und die ukrainische Armee bekämpften sich auf den Straßen der Stadt, bis Russland schließlich seine Truppen aus dieser Gegend abzog.

2 Das Stadtviertel Nowobawarskyj (»Neubayern«) wurde nach der lokalen Bierbrauerei benannt.

3 Eugenia Gapchinska ist eine bekannte ukrainische Künstlerin und Kinderbuchillustratorin.

4 Pissotschyn ist eine Siedlung in der Nähe von Charkiw.

5 Das Grad-System ist für den gleichzeitigen Abschuss vieler Raketen ausgelegt. Es wurde in den 1960er-Jahren in den sowjetischen Militärdienst aufgenommen und ist beim russischen Militär weit verbreitet.

6 Smijiw ist eine Stadt südlich von Charkiw.

7 Oleksij Potapenko (alias Potap) ist ein ukrainischer R&B- und Hip-Hop-Künstler sowie Songwriter.

8 Schtschastja in der Oblast Luhansk ist eine Stadt im Osten der Ukraine.

9 Oblast ist in der Ukraine wie auch in Russland und der früheren Sowjetunion das Wort für einen größeren Verwaltungsbezirk.

10 Dnipro, ehemals Dnipropetrowsk, ist die viertgrößte Stadt der Ukraine. Sie befindet sich im zentralen östlichen Bereich der Ukraine und verdankt ihren Namen dem gleichnamigen Fluss.

11 Sapekanka ist ein traditionelles süßes slawisches Gericht. Es ähnelt einem Käsekuchen ohne Boden.

12 Es gibt zahlreiche Berichte über russische Saboteure, die Waffen in Spielzeugen, Mobiltelefonen und anderen Gegenständen in der Ukraine versteckt haben sollen.

13 Eine Markierungsbombe ist eine Bombe, die ein farbiges Licht ausstrahlt und bei einem Luftangriff als Zielmarkierung abgeworfen wird.

14 Eine Vakuumbombe, auch Aerosolbombe genannt, erzeugt bei der Explosion Hitzewellen, die schwerste innere Verletzungen hervorrufen. Die Vakuumbombe ist die stärkste nicht atomare Bombe, über die das russische Militär verfügt.

15 Ochtyrka ist eine Stadt im Nordosten der Ukraine.

16 Poltawa ist eine Stadt in der Zentralukraine, 150 km von Charkiw entfernt.

17 Streubombe – eine Bombe mit mehreren Sprengkörpern, die von Flugzeugen abgeworfen oder vom Boden bzw. vom Meer aus abgefeuert wird. Sie öffnet sich in der Luft und setzt dabei Dutzende oder Hunderte von Submunitionen frei, die ein Gebiet von der Größe mehrerer Fußballfelder bedecken können. Wer sich im Einschlagsbereich von Streumunition befindet, wird mit hoher Wahrscheinlichkeit schwer verletzt oder getötet.

18 Die Genfer Konventionen sind zwischenstaatliche Abkommen und ein wesentlicher Bestandteil des humanitären Völkerrechts. Sie enthalten für den Fall eines Krieges Regeln für den Schutz von Personen, die nicht oder nicht mehr an den Kampfhandlungen teilnehmen.

19 Lwiw ist die größte Stadt der Westukraine und eins der größten kulturellen Zentren des Landes.

20 Nach dem Einmarsch Russlands entstanden überall in der Ukraine Kontrollpunkte an den Straßen. Einige davon sind vom Militär besetzt, viele andere von lokalen Freiwilligen.

21 Donezk ist eine Industriestadt im Osten der Ukraine im Zentrum des umkämpften Kohlereviers Donbass.

22 Das Kernkraftwerk von Saporischschja ist das größte in Europa, eins der zehn größten weltweit.

23 Obwohl die Ukraine geografisch zu Europa gehört, betrachten sich viele Menschen in der Ukraine, wie auch in anderen ehemaligen sowjetischen Ländern, nicht als »europäisch«, da die kulturellen Unterschiede nach wie vor groß sind.

24 *Sowyne hnizdo* (»Eulennest«) ist ein historischer Weinkeller in Uschhorod, der oft als Veranstaltungsort genutzt wurde – und in der Kriegszeit als Zentrum für Flüchtlingshilfe.

25 Die Hrywnja ist seit der Währungsreform 1996 die Währung der Ukraine. Der Plural von Hrywnja ist Hrywni.

Ungarn

1 Tschop ist eine Stadt in der westlichen Ukraine. Sie wird von der ungarischen Stadt Záhony durch den Fluss Tisza getrennt.

2 Auch wenn dies die Version ist, die Yeva erzählt wurde, erhielt Budapest in Wirklichkeit seinen Namen von der Verschmelzung zweier Städte auf gegenüberliegenden Seiten der Donau – Buda und Pest. *Buda* bedeutet auf Ungarisch »Wasser«, und *pest* bedeutet »Schmelzofen«.

3   Odessa ist eine Hafenstadt im Süden der Ukraine, sie
    liegt am Schwarzen Meer.

Irland

1   Dieses Ritual führen viele postsowjetische Menschen
    durch: Vor einer Reise sitzt man eine Minute still, was
    Glück bringen soll. Es wird angenommen, dass dieses
    Ritual seinen Ursprung in heidnischen Zeiten hat.

2   Das *Book of Kells* ist eine illuminierte Handschrift, die
    die vier Evangelien des Neuen Testaments enthält. Es
    wurde um 800 n.Chr. in einem Kloster angefertigt und
    hat seinen Namen von der Abtei von Kells in der Graf-
    schaft Meath, wo es jahrhundertelang beherbergt war.
    Das Manuskript befindet sich heute in der Bibliothek
    des Trinity College in Dublin und ist seit 1953 in vier
    Bänden gebunden.

3   Alexander Sergejewitsch Puschkin (1799–1837) war
    ein russischer Dichter und Schriftsteller, der in Russ-
    land als Nationaldichter gilt und in der Ukraine seit
    dem Einmarsch der russischen Truppen zunehmend als
    imperialistisch angesehen wird. Nach Kriegsbeginn
    wurde vorgeschlagen, mehrere nach Puschkin und an-
    deren russischen Akteuren benannte Straßen umzube-
    nennen.

4   Chemische Waffen – Spezialmunition, bei der Chemi-
    kalien eingesetzt werden, die dazu bestimmt sind,
    Menschen Schaden oder Tod zuzufügen. Chemische
    Waffen werden als Massenvernichtungswaffen einge-
    stuft.

5   Der Saint Patrick's Day ist in Irland ein gesetzlicher

Feiertag, der an den irischen Bischof Patrick aus dem 5. Jahrhundert nach Christus erinnert. Er gilt als der erste christliche Missionar Irlands. Der Tag wird mit großen Paraden gefeiert.

6   Tschornobaj ist ein Ort in der Zentralukraine.

7   *Der standhafte Zinnsoldat* ist ein Märchen von Hans Christian Andersen aus dem Jahr 1838 über einen Zinnsoldaten, der allen Widrigkeiten standhält.

8   Für das orthodoxe Christentum ist Ostern der wichtigste Feiertag, wichtiger noch als Weihnachten.

Die Geschichten meiner Freunde

1   Torte Kyiv – eine Torte, die aus Biskuit- und Baiserschichten mit Haselnüssen, Schokoladenglasur und einer buttercremeartigen Füllung besteht.

2   Für ukrainische Männer im Alter von achtzehn Jahren ist der Wehrdienst obligatorisch.

3   Die Schockwelle einer Explosion erzeugt eine Druckwelle im Körper. Wenn der Mund geschlossen ist, kann sich die Luft in den Ohren und im Mund nicht frei bewegen, und das Trommelfell könnte platzen. In extremen Fällen kann die Luft die Lunge zerreißen. Durch Öffnen des Mundes wird versucht, die Luft aus dem Körper zu leiten und den Schaden zu minimieren.

4   Borschtsch ist eine Suppe, die typischerweise mit Roter Bete zubereitet wird, was ihr die charakteristische rote Farbe verleiht. Es ist ein traditionelles Gericht in der Ukraine, in Russland und in Polen, wobei der Ursprung wahrscheinlich in der Ukraine zu suchen ist.

5   Piroggen sind gebackene oder frittierte schiffsförmige

Brötchen mit verschiedenen Füllungen. Sie können entweder herzhaft oder süß sein und sind ein in Osteuropa beliebtes Straßen- und Wohlfühlessen.

Oma Irina und ich. Wir sind immer zusammen.

Danke

Der 24. Februar. Der Tag, der mein ganzes Leben verändert hat.

An diesem Tag begann ich, dieses Tagebuch zu führen. Immer, wenn ich vor Schmerz und Angst nicht weiterkonnte, setzte ich mich hin und machte mich ans Schreiben. Ich teilte meine Gefühle mit diesen Seiten, und das half mir weiter. Ich wollte festhalten, was passiert und wie ich mich fühle. Ich will mich in zehn oder zwanzig Jahren noch ganz genau daran erinnern, wie der Krieg meine Kindheit zerstört hat.

Ich habe in dieser schlimmen Zeit so viele wunderbare Menschen kennengelernt! Ihnen will ich diese letzten Seiten widmen. Meine geliebte Oma Irina stand mir immer zur Seite. Sie war von den ersten Kriegsminuten an meine Beschützerin. Selbst wenn mir die Hände vor Angst zitterten, wusste ich: Oma tut alles, um mich zu retten, tut immer alles, was sie kann. Ich lebe seit über zwölf Jahren auf der Welt, und diese ganze Zeit konnte ich mich immer auf sie verlassen. Ich bin so glücklich, dass ich Oma habe!

Es wurde schnell klar, dass wir in unserem Keller nicht sicher waren und fliehen mussten. Oma wandte sich an alle ihre Freunde, aber niemand konnte uns helfen. Außer Inna. Sie war bereit, uns aufzunehmen – in einem weniger gefährlichen Teil von Charkiw. Ich bin ihr sehr dankbar, dass sie sich um mich kümmerte und mich ablenkte, zum Beispiel durch Malen.

Als wir keine Möglichkeit fanden, aus Charkiw zu fliehen, und alle Hoffnung verloren schien, schickte Gott uns Todor und Oleh, zwei erstaunliche Freiwillige, die sich furchtlos bereit erklärten, uns nach Dnipro zu bringen. Ich danke ihnen für ihre Tapferkeit und Wärme.

Während unserer gesamten Reise trafen wir immer wieder unglaubliche Menschen – wie Rada, Arsenij, Mina, Pater Emilio und Attila. Menschen voller Herzensgüte.

Die Reporterinnen und Reporter von Channel 4 News – Paraic, Freddie, Flavian, Tom, Delara und Nik – haben mein Leben völlig verändert. Als sie meine Geschichte hörten und von diesem Tagebuch erfuhren, beschlossen sie, uns mit aller Kraft zu helfen. Dank ihrer harten Arbeit schafften wir es nach Dublin. Sie waren so erstaunlich freundlich, großzügig und hilfsbereit! Sie haben ein helles und warmes Licht in meiner Seele hinterlassen.

In Dublin wurden wir von Catherine und Gary Flanagan empfangen. Nach einer langen und schwierigen Reise verwandelte sich mein Leben in ein Märchen. Wir kamen in ein wunderschönes gemütliches Haus, wo man uns so warm willkommen hieß! Gary zeigte uns all die schönen Ecken von Dublin. Catherine half mir, mich an der Schule anzumelden, an der sie arbeitet. Sie und Gary standen uns bei in dieser schwierigen Zeit in unserem Leben, und dafür bin ich ihnen sehr dankbar.

An meiner neuen Schule fühle ich mich sicher und wohl – als wäre ich schon immer hier gewesen. Nach dem Unterricht darf ich hier Klavier und Tennis spielen, wann immer ich möchte. Die Mädchen in meiner Klasse haben mich sehr herzlich aufgenommen, und ich habe viele echte Freundinnen gefunden.

Ich möchte auch den Besitzerinnen des Hauses, in dem wir jetzt wohnen, meinen Dank aussprechen. Es ist ein wunderschönes Haus und wir sind hier sehr glücklich!

Ich danke Gott, dass ich Marianne Gunn O'Connor kennenlernen durfte. Diese erstaunliche Frau ist jetzt meine Agentin. Ich könnte ein ganzes Kapitel dieses Tagebuchs damit füllen, wie wunderbar sie ist, aber stattdessen sage ich nur: Danke für die Herzlichkeit, das Mitgefühl und die Hilfsbereitschaft! Die Welt braucht mehr Menschen wie sie. Es ist eine große Ehre für mich, dass sie meine Literaturagentin werden wollte.

Besonders dankbar bin ich dem Verlag Bloomsbury für das Angebot, dieses Tagebuch zu veröffentlichen. Das Team dort, vor allem Sally Beets, Lara Hancock, Katie Knutton, Beatrice Cross und Alesha Bonser, bemühte sich sehr, mir ein besseres Leben zu ermöglichen. Ihre großen Anstrengungen, mein Buch zu publizieren, geben mir eine Chance auf Bildung und Glück. Ich bin sicher, dass mit ihrer Hilfe alles klappt – und freue mich sehr, von ihnen veröffentlicht zu werden!

Ich danke Gott und allen guten Menschen, die ich auf meinem Weg getroffen habe. Alles wird gut. Daran glaube ich ganz fest!